工作转换
与农民工就业质量

JOB TURNOVER
AND
EMPLOYMENT
QUALITY OF
RURAL MIGRANT
WORKERS

明娟 著

社会科学文献出版社
SOCIAL SCIENCES ACADEMIC PRESS (CHINA)

序

　　十九大报告明确提出，我国经济已由高速增长转向高质量发展阶段，而实现更高质量和更充分就业则成为这一发展阶段最重要的特征和体现。作为流动人口主体的农民工，是我国工业化和城镇化发展的重要支柱力量，其就业水平和就业质量整体不高，工资偏低、就业空间狭小且普遍面临加班、拖欠工资、社会保险缴纳不足、劳动合同签订率低等问题，大大影响了他们融入城市进而实现持久性迁移。如何提高农民工的就业质量和使其实现更加充分的就业，特别是增强其转移就业的稳定性，已成为当前和今后面临的重大挑战和亟待解决的问题。

　　明娟博士的专著《工作转换与农民工就业质量》首次尝试从工作转换视角，来探讨农民工就业质量提升的有效路径。她首先基于中国劳动力市场的典型事实"农民工频繁跳槽"，提出了"工作转换能否提升农民工就业质量"这一研究问题，进而从转换者 - 停留者模型、人力资本投资理论、工作匹配模型、分割劳动力市场理论等理论视角，讨论了工作转换影响就业质量的微观机理。而后，在理论分析的基础上，利用中国城乡劳动力流动调查数据（RUMIC 2008 - RUMIC 2010），基于计量分析工具，将农民工工作转换对其就业质量影响进行了横向与纵向比较，同时从工作转换的原因、行业内转换与行业间转换、城市内转换与城市间转换等角度，考察了不同的工作转换模式对就业质量的影响差异，从职业流动和人力资本回报角度，诠释了工作转换无法提升农民工就业质量的现实和成因。

这项研究发现，虽然农民工"换工作"的主观意愿是提高收入和争取劳动权益，但实际上"换工作"的作用非常有限。尽管对农民工群体中低收入者的就业质量提升而言，工作转换起到了一定促进作用，但总体而言，农民工的就业质量并未因此而显著改善。因此，提升农民工就业质量，需要多举并施，一方面要打破劳动力市场分割，创造更多高质量就业机会；另一方面，从根本上提高农民工人力资本投资水平，提升农民工就业能力仍是关键。

本书遵循实证研究的一般规范，在研究视角、研究数据和研究方法上，都有不同程度的拓展，研究结论也有一定政策意义。我以为，未来就业质量研究应更加注重建构符合中国劳动力市场特点，且能够进行国际比较的微观就业质量指标，同时应更加深入地探讨就业质量与经济社会发展宏观变量之间的内在关联及其传导机制。作为就业质量探索性的微观实证研究，明娟博士的这一优秀成果能够公开出版，与读者见面，我很高兴。在本书出版之际，我本人很乐意为其作序，期待在未来研究中有更多学者能参与这一问题研究，为我国就业理论研究和政策实践贡献智慧！

曾湘泉

2018 年 6 月 8 日

摘　要

农民工已成为支撑我国工业化发展的重要力量，但农民工的就业质量依然不高，工资偏低、就业空间狭小且面临较多的加班、拖欠工资、社会保险缴纳不足、劳动合同签订率低等问题。推进农业转移人口市民化，必须全面提高农民工就业质量，而如何提升农民工就业质量，也成为当前经济社会关注的热点。一般认为，工作转换是从业者提升就业质量（职位晋升和工资上涨）的最快和最有效的一种方式，而农民工非农职业转换频繁已经成为当前城市劳动力市场上的一个普遍现象，对工作转换能否真正提升农民工就业质量，从而使其最终融入城市，理论和实证研究并没有取得一致结论。

在理论上，转换者－停留者模型认为低生产率的工人倾向于经历持续的流动，而且这种流动倾向特征不会随时间推移而消失，所以最终导致工作转换反而对收入产生负效应。人力资本投资理论则强调了人力资本的可迁移性，通用人力资本投资可在不同工作之间进行转移，专用人力资本投资则具有不可转移性，最终工作转换对工资的影响取决于通用人力资本投资效应与专用人力资本投资效应的冲减程度。工作搜寻模型强调了在职搜寻在工作转换中的重要性，自愿流动者更可能在流动前进行在职工作搜寻，从而获得更高的收入和更好的工作条件，而非自愿流动者遭受工资损失的可能性更大。工作匹配模型则强调，工作转换提供了一个劳动力市场资源有效配置的机制，工人只有经历一系列的工作匹配、离职和新工作匹配后，才能找到与其能力相匹配的最大化生产率的工作，因此，工作转换对工资增长生命周期有重要影响。分割劳动力市场理论则指出，制度分割的存在使得次要劳动力市场无法出清，难以实现长期均衡，最终导致处于次要劳动力市场上的就业者无法通过职业流动来提升就业质量。

关于工作转换对工资的影响，实证研究也没有取得一致结论。部分研究证实，工作转换对转换者收入产生负效应，但也有研究指出，工作转换会显著提升收入水平，不过工作转换的收入效应很大程度上还受流动模式差异的影响。此外，关于工作转换对职业流动影响的文献也证实，工作转换是为实现更高质量的职业匹配的结果，一般情况下人们都会转换到高职位工作。不过，对移民职业流动的研究也发现，迁移者在移民初期可能有一个职业向下流动过程，但随着在输入地居住时间的增加，移民可能实现职业的向上流动。而国内关于工作转换对农民工收入影响的研究，按照使用调查数据的类型可分为两大类：一是，基于截面数据，探讨变换工作或者工作转换次数对农民工收入的影响；二是，基于工作史数据探讨工作转换前后的收入差异。不过，由于采用的估计方法、调查数据及工作转换定义等方面差异较大，最终的研究结论也存在较大差异。

基于此，研究将利用 RUMIC 2008 – RUMIC 2010 的数据，区分受雇就业与自营就业，重点考察农民工工作转换对其就业质量的影响，同时考察不同的工作转换模式（区分工作转换原因、行业内转换与行业间转换、城市内转换与城市间转换）对就业质量的影响差异，最后从职业流动和人力资本投资回报角度来诠释工作转换无法提升农民工就业质量的原因。

实证研究结论可以归结为以下几个。

第一，从农民工就业特征与就业质量变动趋势来看，在 2008 ~ 2010 年受雇农民工就业质量稳步提升，而自营农民工就业质量亦有小幅增加。分指标来看，受雇就业农民工在收入、养老保险参保率和固定或者长期劳动合同签订率方面都有明显改善，其中固定或者长期劳动合同签订率的改善幅度最大。而自营就业者平均收入也增加了，但养老保险参保率在 2010 年出现下滑。同时，受雇就业者和自营就业者的就业质量会因个体和工作特征不同产生差异，如年龄、人力资本因素（受教育程度、培训经历、外出时间等）、就业行业类型、企业规模及就业地区不同，受雇就业者和自营就业者的就业质量存在较大差异。

第二，关于工作转换对农民工就业质量的整体影响，估计结果显示，工作转换对受雇就业者就业质量有显著负影响，而对自营就业者就业质量的影响为正，但不显著。分指标来看，工作转换会减少受雇就业者的收入，降低其养老保险参保率和固定或长期劳动合同的签订率，而工作转换也可能加重受雇就业者的劳动负担。对于自营就业者，工作转换显著降低了自营就业者的收入水平和工作时间，但对自营就业者养老保险参保率的影响并不显著。而且受雇就业者工作转换对就业质量影响存在跨期效应。

第三，关于工作转换对农民工就业质量变动的影响，从总指数来看，当期工作转换对受雇就业者和自营就业者就业质量增加的平均影响为正。具体来讲，前期就业质量对当期就业质量影响为负，前期就业质量越高，当期就业质量提升空间越有限，对受雇就业者而言，就业质量处于 25 分位及以下者，转换工作对其就业质量增加影响为正，而就业质量处于 25 分位以上者，转换工作对其就业质量增加是消极影响。而对自营就业者而言，前期就业质量处于 80 分位及以上者，工作转换对就业质量增加产生负效应，而对前期就业质量处于 80 分位以下者，则表现为积极影响，说明工作转换对低质量就业农民工的就业质量有提升作用。

从分指标来看，工作转换对受雇就业者收入增长的平均影响为正，对自营就业者收入增长的平均影响为负，但均不显著。而有养老保险的受雇就业者进行工作转换，对其养老保险参保率会产生显著的负面冲击，工作转换不利于受雇就业者维持其养老保险承续，不过对于自营就业者的负效应并不显著。前期工作时间越长的农民工转换工作后，其工作时间越有减少趋势，而有固定或者长期劳动合同的受雇就业者在工作转换中将处于不利地位，相对于未转换者，工作转换反而使其劳动合同情况变差。

第四，工作转换模式对就业质量的影响。研究结果表明，不同的工作转换模式如工作转换原因、行业内转换与行业间转换、城市内转换与城市间转换对就业质量的影响存在较大差异。对于受雇就业者，工作原因转换、个人或家庭原因转换和单位原因转换均对就业质量指数、收入、劳动合同情况和养老保险参保情况产生显著负作用，而由工作原因（自愿性转换）产生的工作转换对就业质量的冲击最小，但对自营就业者而言，工作原因转换、个人或家庭原因转换和单位原因转换仅对收入产生显著负效应，而工作原因转换对收入的负效应要小于个人或家庭原因转换和单位原因转换。对于行业内转换和行业间转换，两者对受雇就业者就业质量指数、收入、养老保险参保情况和劳动合同情况均产生显著负效应，而且行业内转换的负效应都要小于行业间转换，但两者对自营就业者就业质量及其分指标的影响大多没有表现出统计显著性。城市间转换和城市内转换对受雇就业者就业质量指数、收入、劳动合同情况和养老保险参保情况均产生显著负效应，而从两者的估计系数来看，城市内转换对就业质量及其分指标的负面影响要小于城市间转换。而城市间转换、城市内转换仅对自营就业者的收入产生显著负效应，且城市内转换带来的收入损失略低于城市间工作转换带来的收入损失。

第五，工作转换与职业流动、人力资本投资回报。估计结果显示，工作转换对职业流动产生显著负效应，工作转换导致农民工职业向下流动，职业流动没有呈现"U"形特征，而相对于未转换者，转换者选择自营活动（创业）的可能性更低。同时对人力资本投资回报差异的估计还发现，工作转换虽然在一定程度上提升了教育回报，但却降低了培训和工作经验的投资回报，最终可能对收入产生负效应。

总体而言，工作转换对农民工就业质量提升的作用非常有限，虽然农民工"换工作"的主观意愿是为了提高收入和争取劳动权益，然而就业质量并没因转换工作而提高，仅对农民工群体中低收入者的就业质量提升起到一定的促进作用。因此，提升农民工就业质量，需要改变农民工就业环境，实现农民工的稳定就业、适度流动。具体体现在四个方面：一是，改变产业发展模式，创造高质量的就业机会；二是，以户籍改革为切入点，打破体制障碍和劳动力市场的分割，释放就业空间；三是，建立农民工工资增长长效机制，促进农民工收入稳步增长；四是，健全并实施针对农民工的职业技能培训制度，提升农民工就业能力。

本书的创新点可能在三个方面：一是，研究视角上，首次区分了受雇就业（或工资性就业）和自营就业（自雇佣），来探讨工作转换对农民工就业质量的影响，同时在就业质量测量上采用总指数和分指标相结合的方法，研究结论说服力更强；二是，在方法上，考虑采用不同计量方法来估计工作转换对就业质量的影响，并通过变动测量口径来验证结论的稳健性；三是，在数据采用上，我们首次采用追踪数据来探讨工作转换对农民工就业质量的影响，而且在工作转换的定义上利用追踪数据的优势使用最近一次工作转换而不是工作转换经历来估计，研究具有较强的代表性。

关键词：农民工　就业质量　工作转换

目 录
CONTENTS

图表目录

第一章 导论

一 问题的提出

农民工是在改革开放后成长起来的新型就业群体，是现代产业工人的代表，已经成为当前工业化和新型城镇化建设的重要力量。而国家统计局《2014年全国农民工监测调查报告》显示，2014年全国农民工总量已达到27395万人，其中，外出农民工16821万人。不过调查也显示，目前农民工就业质量总体仍然偏低，2014年外出农民工人均月收入（不包括包吃包住）为2864元，虽然比上年增加255元（增长9.8%），与全国城镇私营单位就业人员平均月工资水平基本接近，但远低于同期全国城镇非私营单位就业人员平均月工资水平。同时，农民工就业空间仍然狭小，就业岗位具有高流动性和高风险性，56.6%的外出农民工在第二产业就业。具体而言，东部地区农民工就业以制造业为主，中部地区农民工就业是建筑业与制造业并重，西部地区农民工就业以建筑业为主。此外，农民工在就业中仍普遍存在加班、拖欠工资、社会保险覆盖不足、劳动合同签订率低等劳动权益受损现象。如周工作时间超过 44 小时的农民工比重高达 85.4%，比上年提高 0.7 个百分点；仍有 0.8% 的外出农民工存在工资被拖欠问题，以建筑业最为严重，建筑业中工资被拖欠农民工比重高达 1.4%；劳动合同签订比例不高，与雇主或单位签订劳动合同的农民工比重仅为 38%。同时，外出农民工参加社会保险的比例有所提升，但整体参保率依然不高，仅有 16.7% 的农民工参加了养老保险，而参加医疗保险的农民工比例也仅为 17.6%[①]。同时，还出现了工伤职业病多发及劳动争议案件持续增多等问题。这些都进一步揭示，目前城镇农民工就业质量整体不高，已经成为外出劳动力实现持久性迁移的重要阻碍。

中央城镇化工作会议明确提出：把促进有能力在城镇稳定就业和生活的常住人口有序实现市民化作为首要任务，而获得稳定的就业岗位则是推进农业转移人口市民化的重要基础。在此，实现农业转移人口市民化，不只是简单地把外出农村劳动力的户籍从农业户籍转变为城镇户籍，这只是第一步（实现身份转换），更为重要的任务是提供身份（户口）转换后的就业保障（包括就业机会和就业质量保障）。稳定的就业机会和更高的就业质量（体现在工作条件、劳动强度、工作环境、劳动权益等方面）才能保障外出农村劳动力在城市的生存和发展能力，推动外出农民工真正融入城市，实现市民化。

推进农业转移人口市民化，必须全面提高城镇的就业创业保障水平和农民工就业质量，而如何提升农民工就业质量，推进农业转换人口市民化进程成为社会关注的热点（韩俊，2013；劳动与社会保障部劳动科学研究所课题组，2013）。工作搜寻－匹配理论认为，工作

---

① 国家统计局：《2014 年全国农民工监测调查报告》，2015 年 4 月 29 日，http：//www.stats. gov.cn/tjsj/zxfb/201504/t20150429_797821.html。

转换提供了一个劳动力资源有效配置的市场机制，在劳动力市场上工作搜寻者和就业需求方都是异质的且均存在信息不完全问题，初次匹配无法实现均衡，只有经历一系列的工作匹配、离职和新工作匹配，才能实现均衡。因此，工作转换也成为从业者提升就业质量（职位晋升和工资上涨）的最快和最有效的一种方式（Perticara，2004）。国外大量实证研究也显示，工作转换与工资和工作满意度等就业质量指标之间均存在显著正相关关系，工作转换甚至可以解释职业生涯早期整个工资增长的三分之一（Topel & Ward，1992）。而在中国劳动力市场上，就业者工作转换率较高，2014 年 LinkedIn 发布的《中国职场人士跳槽报告》显示[①]，就业者平均在职时间不足 3 年（为 34 个月），而职位持续时间的中位数仅为两年（24 个月）。而在城市劳动力市场上，农民工工作转换更为普遍。2012 年清华大学社会学系联合工众网发布的《农民工短工化就业趋势研究报告》显示[②]，调查样本中近 2/3 的农民工有换工作的经历，而 1/4 是在过去 7 个月内变换了工作，一半的农民工是在过去两年内变换过工作。而且农民工工作平均持续时间较短，上一份工作与下一份工作之间的间隔时间只有半年。农民工在城市劳动力市场中表现出高流动性和不稳定性，部分学者将工作转换归结为农民工群体提高工资收入的主要方式（蔡昉等，2005；刘林平等，2006），同时，这种频繁的工作流动，也是农民工争取和维护自身权益的具体行动，即"用脚投票"（简新华等，2005；梁雄军等，2007）。不过，也有研究指出，不同于初次非农就业转换（农业就业向非农就业转换）可显著提升工资收入，再次的工作变换和职业流动无助于提升工资待遇（严善平，2006；刘士杰，2011），农民工的再次职业流动

---

① 黄齐：《领英职场报告：互联网是员工流动性最大的行业之一》，凤凰科技，http：//tech.ifeng.com/a/20141020/40841561_0.shtml，2014 年 10 月 20 日。

② 转引自陈晓《农民工"短工化"愈演愈烈》，《民生周刊》2012 年第 8 期。

多为水平变动（李强，1999；农民工就业趋势课题组，2012）。

综上所述，工作转换对劳动力市场结果的影响结论并不统一，特别是在城市二元劳动力市场条件下，劳动者职业流动模式和经济地位的获得方式存在很大差别。吴愈晓（2011）依据是否接受过高等教育把城市就业者分为主要劳动力市场就业者与次要劳动力市场就业者，他的研究认为主要劳动力市场劳动者以增加人力资本（教育、培训及工作经验等）作为晋升渠道，而处于次要劳动力市场的劳动者则以工作转换作为增加劳动报酬的途径。吴愈晓虽然没有专门讨论农民工，但由于农民工基本都没有接受过高等教育，因此他们很可能选择将职业流动作为增加就业报酬的渠道。而农民工群体内部也不是均质的，农民工群体内部可能出现经济分层现象，虽然农民工大部分滞留在次要劳动力市场，收入低、条件差，没有保障，缺乏向上流动的机会，但仍有少量农民工通过投资经商、自营职业等形式改善了他们的经济社会地位（李春玲，2006）。

农民工非农职业转换频繁已经成为城市劳动力市场的一个普遍现象，而农民工能否通过工作转换提升其薪酬待遇，保障就业权利，获得职业发展，从而最终融入城市，也成为当前社会关注的热点。基于此，本研究将重点考察城市农民工工作转换对其就业质量的影响，同时不考虑农民首次外出打工的"一次流动"，而考察已经从事非农工作的农村劳动力再次变换工作的过程，或者叫非农工作转换，也可以叫"二次流动"或"再次流动"，考察农民工在城市劳动力市场上二次流动的有效性。本文将区分受雇就业农民工与自营就业农民工，考察工作转换对其就业质量的影响差异。同时考虑不同的工作转换模式（区分工作转换的不同原因、行业内转换与行业间转换、城市内转换与跨城市转换）对就业质量的影响差异，同时进一步讨论工作转换对农民工职业流动方向的影响及对人力资本投资回报的差异影响。

二 研究目标与内容

（一）研究目标

本研究试图基于中国城乡劳动力流动调查数据（RUMIC），利用实证计量方法，探讨工作转换对农民工就业质量的影响效应，同时基于工作转换模式的差异，考察不同转换模式对就业质量的影响差异，并从职业流动、人力资本投资回报角度分析工作转换影响农民工就业质量提升的传导机制，最后在实证结论的基础上，构建农民工就业质量提升机制，为实现农业转移人口在城市稳定就业，实现市民化提供政策建议。

（二）研究内容

研究内容，包括五个方面：一是，农民工就业质量测量。采用多维指数构建农民工就业质量测量框架，并在此基础上，利用 RUMIC 2008 - RUMIC 2010 数据，对农民工就业质量进行测量并分析其变动趋势。二是，工作转换与农民工就业质量决定。利用 RUMIC 2008 - RUMIC 2010 面板数据，从整体上估计工作转换对农民工就业质量总指数及分指标，包括收入、养老保险、劳动合同和工作时间的影响，并使用"近三年内是否转换工作"代替"调查期当年是否进行工作转换"重新定义工作转换，检验结论的稳健性。三是，工作转换与农民工就业质量变动。使用差分方程，控制转换前的就业状态，考察最近一次转换工作对就业质量提升的影响。四是，考察不同工作转换模式如工作转换不同原因、行业内转换与行业间转换、城市内转换与跨城市转换对就业质量的影响差异。五是，职业流动、人力资本投资回报与工作转换。试图从职业流动与人力资本投资回报差异角度来解释工作转换与农民工就业质量提升之间的关系。

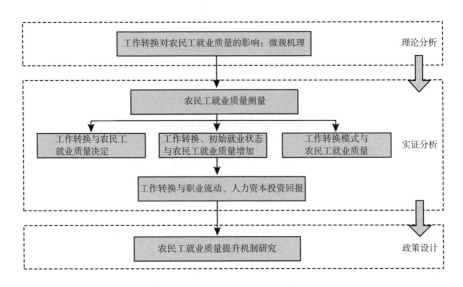

图 1-1　研究内容

三　研究方法及技术路线

（一）研究方法

本文所使用的研究方法主要包括文献研究法和计量分析法。

文献研究法。文献研究主要是在研究阶段，系统检索、阅读关于劳动迁移理论及其实证研究最新进展的经典文献，然后对这些文献进行梳理，寻找可拓展的实证研究方向。如通过转换者-停留者模型（Mover-Stayer Model）、人力资本投资理论、工作搜寻理论、工作匹配理论、分割劳动力市场理论等，分析农民工就业流动决定及其对工资等就业结果的影响效应，同时探讨不同流动模式的影响差异，特别是近年来产业结构升级、雇佣模式及雇佣关系调整等是否影响农民工工作转换选择，以及这些选择是否对就业质量产生影响。

计量分析法。计量分析主要体现在五个方面，一是，构建就业质量测量框架并对农民工就业质量进行测量。二是，采用面板随机效应模型和面板 Probit，估计工作转换对农民工就业质量水平的影响，并引入滞后期工作转换变量，考察工作转换的跨期影响效应，而后放宽工作转换的定义，检验估计结果的稳健性。三是，采用差分方程，估计工作转换对农民工就业质量增长的影响。对于就业质量总指数、收入、工作时间的估计采用面板随机效应，而对养老保险与劳动合同变动的估计，考虑到两年短面板的 Panel Order Logit 的平行假定很难保证，最终控制年份差异，采用截面估计方法。四是，采用截面估计衡量不同工作转换模式对就业质量的影响差异，由于仅 RUMIC 2009 详细记录上一份工作的具体行业、职业、离职原因等，所以该部分仅使用 RUMIC 2009 一年的数据，对就业质量总指数、收入及工作时间等连续变量的估计，采用 OLS 回归，而对劳动合同与养老保险等离散变量，采用二值模型估计。五是，估计工作转换对农民工职业流动的影响，将农民工按照职业技能水平分为非技能工人、技能工人、专业技术人才，构成排序变量，采用序列选择模型，回归中使用 Panel Order Logit 模型来实现，而对自营就业选择及服务业就业选择，采用面板 Probit，对工作转换对人力资本投资回报差异的估计，采用内生转置模型。

（二）技术路线

研究的技术路线遵循"理论分析→实证分析→对策建议"的逻辑思路，首先基于不同的理论视角，分析就业流动影响劳动力市场结

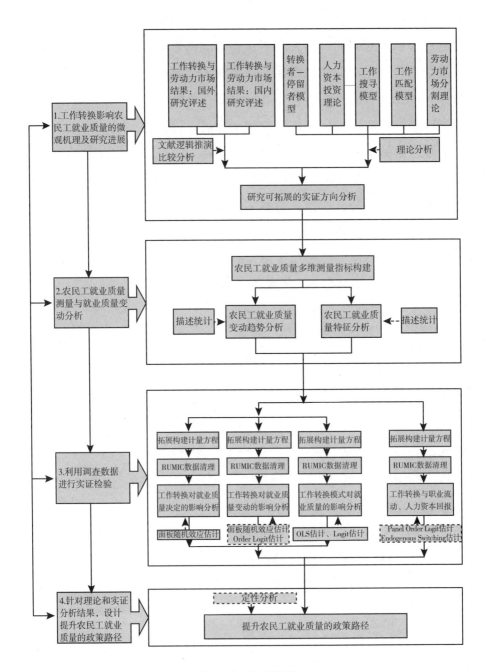

图 1-2 技术路线

果的微观机理。接着构建农民工就业质量多维测量框架，并对农民工就业质量进行测量，然后实证考察农民工工作转换对其就业质量的影响效应。对于实证分析，主要分为三个部分，第一部分是整体分析，考察工作转换对就业质量总指数及分指标的影响，并进行稳健性检验。第二部分，考虑到工作转换的异质性差异，转换者内部并不是均质的，如转换前的就业状态、不同的转换模式，对就业质量的影响效应不能一概而论，因此，第二部分重点讨论工作转换对就业质量的影响差异性。第三部分，讨论工作转换与职业流动、人力资本投资回报的关系，试图从职业流动与人力资本投资回报差异角度来解读农民工工作转换对就业质量影响的机制作用。最后在实证结论基础上，提出农民工就业质量提升路径。

四　研究章节安排

第一章，提出研究问题和研究目标，对文章的主要研究内容进行简要概述并阐明研究使用的方法和技术路线，提出本研究的创新之处。

第二章，文献评述，包括：工作转换影响就业结果的微观机理、工作转换影响就业结果的实证分析、工作转换与劳动力市场结果——基于中国的实证研究，并就工作转换对就业质量影响的研究进行评述，并提出可拓展的实证方向。

第三章，借鉴 Erhel 等（2012）的思路，构建农民工就业质量多维测量框架，并在此基础上采用 RUMIC 2008 - RUMIC 2010 三年数据，对农民工就业质量进行测量，比较其变动趋势。

第四章，采用面板随机效应模型和面板 Probit 模型，估计工作转换对就业质量水平的影响，并引入滞后期工作转换变量，考察工作转换的跨期效应，而后放宽工作转换的定义，检验估计结果的稳健性。

第五章，利用差分方程，估计工作转换对就业质量增长的影响，通过控制滞后一期就业质量及其与工作转换的交互项，来控制转换前就业状态差异带来的影响，估计工作转换对就业质量增长的影响。

第六章，进一步从工作转换原因、转换行业、转换城市三个层次把工作转换区分为不同的模式，如工作原因转换、个人或家庭原因转换与单位原因转换，行业内转换与行业间转换，城市内转换与城市间转换，进一步考察不同的工作转换模式对就业质量的影响差异。

第七章，从职业流动和人力资本投资回报入手，利用计量模型，分析工作转换对职业流动以及人力资本投资回报的影响差异，探寻影响工作转换提升就业质量的关键因素。

第八章，结论与政策含义。总结本文的实证研究结论，并在此基础上提出农民工就业质量提升的具体制度设计，同时，分析本研究中存在的不足及未来可拓展的方向。

五　创新及贡献

本书的创新之处可能有三个方面：一是，在研究视角上，首次区分了受雇就业（或工资性就业）和自营就业，分析工作转换对农民工就业质量的影响差异，同时在就业质量测量上采用总指数和分指标相结合的方法来探讨，研究结论说服力更强；二是，在方法上，考虑采用不同计量方法来估计工作转换对就业质量的影响，并通过变动测量口径来验证估计结果的稳健性；三是，在数据采用上，首次采用追踪数据来探讨工作转换对农民工就业质量增长的影响，而且在工作转换的定义上利用追踪数据的优势，使用最近一次工作转换而不是工作转换经历来估计其影响效应，研究具有较强的代表性。

第二章 工作转换对农民工就业质量的影响：机理与实证进展

一 工作转换影响就业结果的微观机理

（一）转换者－停留者模型

转换者－停留者模型源于社会学研究，是最早的工作转换研究模型之一。转换者－停留者模型（"Mover-Stayer" Model）认为，一些人从本能上更倾向于变换工作，个人内在的不可观测的特征如"发痒（Itch）"或"流浪综合征（Hobo Syndrome）"决定了一些劳动者（Mover）比另一些劳动者（Stayer）更容易流动，这种不稳定的个人特征使得转换者的生产效率明显低于停留者，对于工资而言，转换者的工资挣得也要低于停留者。该理论同时强调：高生产率工人（由个人特征导致的）会避免离职，而那些低生产率的工人倾向于经历持续的流动，而且这种流动倾向特征不会随时间流动而消失（Blumen et al.，1955）。因此，转换者－停留者模型认为，流动与工资收入负相关，仅仅是因为潜在的不可观测的个人特征决定了转换者生产率更低，如果控制了流动和个体不可观测的异质性，就意味着转换者和停留者的工资差距消失。不过，实证研究拒绝了该模型的结论。Light 等（1998）和 Munasinghe 等（2004）采用美国全国青年跟踪调查（National Longitudinal Surveys of Youth，NLSY）数据，实证检验了转换者 - 停留者模型，证实工作变动较少的劳动者（Stayer）工资收入高于工作变动较多的劳动者（Mover），但控制个体不可观察的因素后，流动对工资的影响仍然存在。Munasinghe 等（2004）进一步研究发现，转换者与停留者工资差异存在不确定性，这取决于他们所在的企业在劳动力市场上的工资分布情况（或者说外部薪酬竞争力）及企业内部工资增长率，因为停留者可能获得了该企业岗位的工资增长份额，而转换者可能移动到外部薪酬更高的岗位，因此，转换者与停留者的工资差异取决于这两者哪个占主导，如果原企业岗位的工资增长份额超过外部薪酬增加的份额，则停留者获得更高的收入，引入工资增长率异质性增加了停留者挣得高于转换者的可能性。

（二）人力资本投资理论

人力资本投资理论认为，教育（正规教育或非正规教育）、工作经验（工作时间）等人力资本因素决定了劳动者的收入水平，并且教育程度、工作经验与任期和劳动者收入水平、收入增长之间存在正相关关系，而人力资本投资的差异是最终导致劳动者收入差距的根本原因。人力资本投资通常可分为通用人力资本投资和专用人力资本投资，从可转移性来讲，通用人力资本可携带性和转移性强，可在不同工作之间进行转移，而专用人力资本投资形成的技能积累仅限于特定职业或者特定工作，在不同工作之间的可转移性较差。由此，我们可以发现，工作转换会带来两个效应：一是，工作转换可能导致专用人力资本投资（专用技能）无法在新工作中发挥作用，也就难以取得与原工作岗位等同的报酬及福利待遇；二是，工作转换并没有影响通用人力资本投资形成的技能积累，通用人力资本并没有因工作转换而消失，仍能够在新的工作中发挥作用，可以提升转换后的工资收入。所以工作转换对工资收入的影响可能存在不确定性，这要取决于这两个效应的冲减程度（Becker，1962；Parsons，1972）。而随着任职年限的增加，就业者可能会获得更多的专用人力资本投资，而这些投资又很难迁移到新工作中去，需要企业和就业者共同分享投资成本与收益，这会促使企业提升劳动者工资水平，降低就业者的离职可能性（Mortensen，1978）。不过，专用人力资本积累率会随着任期增加而减少，工资增长率也会随着任期增长出现下降，虽然工作转换会带来专用人力资本投资流失，导致起点工资较低，但是会带来可替代工作更多的专用人力资本投资机会，进而实现职业生涯后期工资的快速增长（Mortensen，1988）。同时，工作转换虽然不能增加人力资本存量，但可以提高劳动力资源的配置效率，从而提升生产率水平。

Sicherman 和 Galor（1990）将人力资本理论引入职业流动研究，认为职业流动是人力资本回报的一种重要体现，而对于教育投资的不同选择，就意味着不同的职业发展路径选择，接受不同的教育形式就意味着会选择不同的职业流动模式，而且受教育程度越高，出现职业流动的可能性和频率会越高。而 Sicherman（1991）的研究也进一步证明，在给定初始职业的情况下，随着就业者受教育程度的提升，其职业向上流动的概率会提高。此外，在国际移民研究领域，技能转移的人力资本模型也证实，迁移者在进入输入地初期可能会遭遇一个收入损失，出现这种情况的原因在于输出国和输入国教育、培训等技能具有不可转移性，在输出国获得的教育、培训技能并不能在输入国获得相同的回报，这些人力资本投资都有一定的国家特性，使得移民虽然实现了国与国之间的迁移，但这些技能却无法随之有效迁移

（Bauer & Zimmermann，1999）。

人力资本模型解释的职业流动与工资收入之间的关系是不确定的，但由于该模型是基于完全竞争劳动力市场假说，因此遭到分割劳动力市场理论的质疑。而工作搜寻与匹配模型放松了完全信息假设，使研究更切合实际情况。

（三）工作搜寻模型

工作搜寻模型认为工作是一种搜寻品（Nelson，1970），就业者在劳动力市场上进行搜寻的目的是获得现有人力资本条件下的最高投资回报。工作搜寻模型首先假定劳动力市场上存在一定的搜寻成本及摩擦性失业，而在就业者刚进入劳动力市场搜寻工作时，市场初始工资是基于企业工作岗位生产率的一个随机数，而不是劳动者真实生产率的一个反映。工作搜寻的结果取决于其对劳动力市场工资分布的搜寻密度，一般来说，在劳动力市场上的搜寻经验越多，搜寻密度越大，找到报酬更高的工作的可能性越高（Burdett，1978）。在职搜寻行为在该模型的应用较为广泛，相对于失业后的搜寻者，在职搜寻者只有在遇到更好的工作机会时才会选择离职（Johnson，1978；Jovanovic，1979；Viscusi，1980）。Longhi 和 Taylor（2013）通过比较在职的搜寻者与失业后的求职者的职业变动差异，发现两者之间的职业流动模式或方向完全不同，在职的搜寻者更有可能转换到平均工资高于前一份职业的工作，而失业后的求职者，则更可能转换到更低报酬的工作，因此，在职搜寻者从职业流动中受益，其工资待遇前景变好，而对失业后的再就业者来说，工作转换对其未来工资增长有消极影响。因此，自愿与非自愿工作转换的收入效应不同。一般而言，因工作本身或经济因素进行自愿流动的更可能在流动前进行在职搜寻，从而获得更高的收入；而因家庭原因或单位原因非自愿流动的，如被解雇、工厂倒闭，遭受工资损失的可能性更大（Keith et al., 1995, 1997; Fuller, 2008）。

工作搜寻模型假定劳动者的生产率是固定的，而且是已知的，某一工作的匹配质量具有不随时间而改变的特性，因此，劳动者通过自愿流动会找到匹配质量更高的工作，这样流动倾向会随着时间变化及工作经验的增加而逐渐下降。

（四）工作匹配模型

工作匹配模型放松了事前生产率已知的假设，认为在均衡状态下，在完全信息的劳动力市场中，工人的工资等于人力资本投资的边际产出。但是，劳动力市场上工人和企业都是异质的和信息不完全的，这意味着雇佣初期企业并不知道工人的真实劳动生产率情况，工人也没有充分了解工作的特征和企业的全部信息，工人的工资分布反映的是企业生产率的估计，而不是其实际工作生产率，这样就出现了匹配质量不佳甚至错配问题。随着工作任期的增加，关于工人真实生产率的信息不断积累，匹配质量信息不断被披露出来，这会形成一个工资的向上或者向下调整，遭遇工资下调或者低工资增长的工人往往会选择离职。因此，随着匹配质量的信息不断披露，工资也随之调整，而流动可能正是工资调整的结果（Jovanovic, 1979）。

综上，工作匹配模型认为，工作转换提供了一个劳动力市场资源有效配置的机制，工人只有经历了一系列的工作匹配、离职和新工作匹配，最终才会从事最大化生产率的工作。从而得出，工作转换对工资增长的生命周期有重要影响。Topel（1990）的实证研究发现工作年限和工资之间存在正相关关系，而Farber（1994）则发现工作年限和离职风险之间先呈正相关，后为负相关，这些都支持了职业匹配理论。相比高收入工人，低收入的工人在职业生涯中更可能通过工作转换提升收入水平。因此，与高收入工人相比，低收入的工人选择的保留工资相对会高于当前工资（Van den Berg，1992），从而降低工作转换的成本，在较短时期内获得较高的收入。

（五）分割劳动力市场理论

以上理论模型从微观层面分析了工作转换与劳动者收入之间的关系，但是都是建立在统一劳动力市场假设基础上，事实上，分割劳动力市场理论认为，劳动力市场是异质的，具有分割的特点。

最具代表性的是二元劳动力市场理论（Doeringer & Piore，1985），该理论认为，劳动力市场是异质的，同时存在着两个市场：主要劳动力市场（Primary Sector）和次要劳动力市场（Secondary Sector）。而且两个市场在劳动力资源配置和工资决定机制上完全不同，主要劳动力市场的就业状态一般表现为工资收入高，福利待遇好，工作稳定且有保障。相反，在次要劳动力市场，就业者一般工资收入较低，工作条件差且没有保障，晋升和职业发展空间也极其有限。另一个与分割劳动力市场关联的是"内部劳动力市场"（Internal Labor Market）。内部劳动力市场的一个最大特点是，工资是由就业者所在组织决定的，不受外部劳动力市场影响。内部劳动力市场同时注重对任职年限的回报，在组织内任职年限越长，工资收入越高。而主要劳动力市场的就业组织一般规模较大，容易形成内部劳动力市场，就业者的工资取决于职业层级的位置而不是边际生产力。

分割劳动力市场理论认为制度而不是边际劳动生产力决定了工资水平，而劳动力的工资差异主要是由劳动力进入市场后遭遇的制度壁垒引发的（Ryan，1981）。这会导致在主要劳动力市场上，工资的形成并不取决于市场，而是一种议价工资或者效率工资，主要体现在：一是，由于制度隔离的存在，外部劳动力市场竞争因素对就业者的影响并不大，就业者同雇主进行讨价还价的能力较强；二是，为了降低雇佣和培训成本，雇主往往会通过增加工资、提升福利、改善劳动条件等措施来留住员工。

而在次要劳动力市场，情况正好相反。一方面，由于非技能工人大量存在，而就业机会有限，雇主在雇佣关系中处于强势地位，他们支付低工资甚至是生存工资就可以满足工人雇佣需求。而就业者工资议价能力不高，雇主为了防止工人勾结形成内部劳动力市场，甚至鼓励就业者流动而不是以提升工资等方式留住劳动者（Taubman &Wachter，1986）。同时，制度分割的存在使得劳动力市场无法出清，无法实现长期均衡（Kerr，1954），最终导致处于次要劳动力市场中的就业者无法通过职业流动来提升就业质量。

二 工作转换影响就业结果的实证进展

（一）工作转换的决定因素

1. 宏观经济因素

宏观经济因素如经济运行特征（Blossfeld，1986；Cotton & Tuttle，1986；Kanter，1989；Inkson，1995）、产业差异（Ohlott etc.，1994；Hachen，1992）对工作转换具有一定影响。如 Hachen（1992）讨论了产业特征与工作转换的关系，研究发现，工资水平高的产业面临的工作退出率、公司内职业流动率和向上职业流动率相当低。因为工资水平高的产业，其内部企业之间的工资差异非常低，就业者外出流动的收益也不高。虽然高工资会成功留住员工，但同时也会面临诸如内部晋升空间有限和向上实现职业流动机会少等问题（Burton & Parker，1969）。而 Hachen（1992）的研究也指出，劳动密集型产业有较高的非自愿退出率和低的公司内流动率。因为劳动密集型产业的企业更关注降低劳动成本，而忽视对员工发展和激励的投入，这可能会导致高的非自愿退出率。Hachen（1992）同时也发现，工作转换与新组织的建立或者原有组织的扩张有关。新公司的出现可能促进资源的整合，为个人在劳动力市场上提供更多的可替代工作，而现有公司规模的扩张，会创造新的层级和组织结构，同样会促使内部向上和向下的职业流动。

2. 中观企业特征

中观（企业特征）变量，如组织多样化（Greve，1994）、健康保险（Monheit et al.，1994；Gruber & Madrian，1994，2002）、企业专门培训（Zweimüller & Winter-Ebmer，2000，2003）、劳动合同（Mahmood 等，2004）对工作转换具有一定影响。有代表性的研究有Greve（1994）利用1950～1971年挪威男性从业记录，检验了组织多样化对行业内和行业间工作转换率的影响。实证结果表明，企业多样化程度提高会提升行业内的工作转换率，不过对行业间的工作转换有阻碍作用（Dampen）。出现这种情况的原因在于：就业市场上存在的一个结构性制约就是不同行业的工作内容不同，特定行业的人力资本投资之间存在就业机会的差异，跨行业跳槽，就得牺牲一些人力资本。而如果同一行业内企业多样化程度高，工人对一个企业的工资待遇等不满意，会很容易在另外一个企业获得就职机会，这会降低跳槽的成本，提高流动的收益。因此，在组织多样化程度较高的产业就业的人员，往往会选择进行业内转换，而在组织多样化程度低的产业就业的人员则会选择跨产业流动。

健康保险在不同雇主之间不可转移，会对从业者产生"工作锁定（Job Lock）"，导致劳动者不会轻易流动，限制劳动者的工作积极性，影响劳动者劳动生产率及潜在收入所得，会对就业市场乃至整个经济带来挑战。对健康保险与工作转换的研究最早是由 Mitchell （1983）做出的。他的研究证实，健康保险减少了职业流动，增加了就业变动成本。此后，Monheit 和 Cooper （1994） 的实证研究指出，30% 的调查者承认继续保持原有工作的重要原因是担心流动会造成健康保险收益损失，由此产生了"工作锁定"，这大大降低了劳动者的职业流动。同时，笔者估计了"工作锁定"效应的大小和差异，研究结论支持"工作锁定"假设，健康保险会导致职业流动率降低 20%~40%，不过这在不同婚姻状态和性别间有较大差异。尽管在劳动力市场上存在健康保险带来的"工作锁定"，但是，受其影响的工人比例以及福利损失程度都要远小于预期假定。Gruber 和 Madrian （1994） 通过评估美国部分州和联邦政府实施的"有限的保险可携带"（Limited Insurance Portability） 的政策，发现强制实行的"连续保险"（Continuation of Coverage），也就是授予部分劳动者在离职后一定时期内仍然在原单位购买健康保险的权利，显著增加了年轻男性劳动者的职业流动率。这一发现进一步揭示，健康保险产生的"工作锁定"效应很大程度上是短期效应，而非长期效应。由于健康保险与就业相关，健康保险以福利形式提供是利用了其非税收性特点，但也有不利影响：如果工资不能完全抵消不同工作之间健康保险的价值差异，即使在新的更高匹配效率的就业机会出现时，劳动者也不会变换工作，从而产生"工作锁定"。Madrian （1994） 的研究显示，健康保险引致的"工作锁定"会降低流动率大约 25%。Madrian （1994） 同时指出，减轻或消除"工作锁定"的可能策略是：健康保险与就业关系脱钩，如建立全民覆盖的保险体系或继续由雇主提供，但确保保险无条件可携带。而 Gruber 和 Madrian （2002） 梳理了最近 10 年关于健康保险、劳动供给与职业流动关系等的研究成果发现，健康保险对劳动力参与和就业决策有重要影响，但不清楚这些影响是否会导致福利或者效率的损失。

培训不仅被认为是工资的潜在的重要的决定因素，而且是其他劳动力市场结果（社会保险、工作时间等）的重要决定因素。Zweimüller 和 Winter-Ebmer（2000）探讨了培训对职业流动和工作搜寻的影响，研究发现，专门培训可以将工人的在职搜寻行为降低到一个相当低的水平，雇主提供的专门培训和一般培训会显著影响实际离职率，而在职搜寻工人离职的可能性也会受到上一份工作专门培训的影响，不过非在职搜寻者的离职可能性与企业专门培训无关，这与工人需要承担大部分专门培训成本的假设一致。

对于劳动合同的影响，Arai 和 Heyman（2004）的研究证实，工作转换是反周期的，劳动力调整不完全性导致企业会采用临时劳动合同。在制造业中，工作转换与长期合同无关，与短期合同有关。而在服务业中，企业会雇佣较高比例的暂时性工人，这凸显了服务业的非周期性特征，预示着服务部门的企业会使用短期合同作为调整缓冲工具，更平缓地调整劳动投入。

3. 微观特征

人口统计学特征（如受教育程度、年龄、性别、婚姻状况等）和工作特征（工资、职业等）对工作转换具有一定影响。Xing 和 Yang（2005）利用新加坡的调查数据，采用计量模型，探讨可观测和不可观测特征对工人工作变换决策的影响。他们发现，年龄、工作满意度（工作环境或者工作安全感）等是决定工人在职流动（Job-to-Job Mobility）的主要要素，年轻劳动者或小企业的工人更容易变换工作，男性比女性更倾向于考虑换工作，但当考察真实工作搜寻行为时，男性与女性无差异，月收入水平和所在部门会显著影响工作搜寻。Viscusi（1980）指出，年轻的和工作任期较短的劳动者更易辞职，而 Groot 和 Verberne（1997）调查了荷兰劳动力市场自愿在职流动及其决定因素，他们发现，年老的工人较少变换工作，当前岗位工作时间较长的工人也较少转换工作。Burgess 和 Rees（1997）的研究发现，在英国的劳动力市场上，工人年轻时会不断变换、寻找工作，直到找到一个匹配质量好的工作，然后停留很长一段时间，与生命周期理论相符合。对于受教育程度来讲，大部分研究都证实"教育与职业流动负相关"（Johnson，1978；Mincer & Jovanovic，1981；Weiss，1984；Gritz，1993；Gruber & Madrian，1994）。如 Weiss（1984）的研究发现，虽然高的受教育程度会提升劳动者工作选择的机会，但同时也会降低他们辞职的可能性。而 Gritz（1993）的研究也指出，低学历工人工作转换的频率要高于比他们学历高的同事。部分研究也指出，受教育程度对工作转换的影响有较大的性别差异，如 Blau 和 Kahn（1981）的研究发现，教育对男性辞职率并没有显著影响，不过会显著提升女性从业者的辞职率。Royalty（1998）的研究也指出，教育引致的职业变换行为可能因性别而变化，低教育水平的女性有更低的在职流动行为，而高教育水平的女性与男性的流动行为极为相似。Han 和 Moen（1999）的研究也证实，有间歇性工作史的女性比职业生涯长的女性或男性有更高的企业间流动性，这可能是因为她们将事业放在第二位，而将家庭生活或丈夫的事业放在第一位。

（二）工作转换与劳动力市场结果

工作转换与劳动力市场结果的研究体现在三个方面。

1. 工作转换与工资

关于工作转换对工资的影响，实证研究并没有得到一致结论。部分研究认为，工作转换对转换者收入产生负效应。如 Jacobson 等（1993）利用美国家庭收入动态调查（Panel Study of Income Dynamics, PSID）数据估计了工作转换带来的收入损失，最终发现，工作经验

较长的就业者转换工作将会导致每年 25% 的收入损失。Stevens
（1997）同样利用美国家庭收入动态调查数据检验了转换工作者工资
损失情况，最后发现，转换工作后 6 年甚至更长的时间内转换工作者
都会经历大约 9% 的工资损失。而 Seninger（1997）利用 1974～1984
年收入参与动态调查（Panel of Survey on Income Participation）数据研
究了工作转换对收入的动态影响，结果发现，工作转换产生的就业间
隔（失业持续期）会降低起薪，失业间隔期越长的就业者，在新工
作岗位上获得的起点工资增长幅度越低。Munasinghe 和 Sigman
（2004）使用美国全国青年纵向调查数据（National Longitudinal
Surveys of Youth，NLSY）分析了职业流动对工资收入的影响，研究
发现，高的工作流动率反而会带来低工资，特别是对于经验丰富的工
人来说，即使修正了个体固定效应后，这一消极效应仍然存在。而
Pérez 和 Sanz（2005）利用欧洲社会家庭小组（European Community
Household Panel，ECHP）1994 年至 2001 年间的调研数据，分析了工
作转换和工资变动之间的关系，在控制选择性偏差后，计量结果显
示，工作转换对工资变动产生一个显著负效应，与停留者相比，工作
转换者会遭受工资损失，不过这个损失程度在不同国家间存在一定差
异，如葡萄牙工作转换者的工资损失约为 9%，德国工作转换者的工
资损失约为 22%，法国工作转换者的工资损失约为 14%，西班牙工
作转换者的工资损失约为 10%。而 Rogerson 等（2002）、Hyslop 和
Maré（2009）的研究也均证实，工作转换会带来一定的收入损失。
Rogerson 等（2002）在假定保险市场缺失的情况下评估了工作转换带
来的福利损失，最终发现，任期较长的工人在工作转换中会有一个持
续的收入损失，这一损失与失业带来的损失几乎相当，而长期失业保
险可能会加大这一成本，由政府资助提供遣散费可能是处理流动风险
更为有效的方法。Hyslop 和 Maré（2009）利用新西兰雇主雇员匹配

数据（Statistics New Zealand's Linked Employer-Employee Database，LEED），采用面板数据模型估计了工作转换对就业者工资动态调整的影响。最终发现，即换工作者和未换工作者收入挣得基本相同，但是在控制了可观测的差异后，换工作者年工资增长要比未换工作者低约1.3个百分点，即工作者在高报酬公司获得了0.3个百分点的工资上涨，但是可能损失1.6个百分点原有企业的年资回报，因此，对于年轻人和新移民工人来说，工作转换对他们比较有利，转换造成的损失最小。

也有部分研究显示，工作转换会显著提升收入水平。Lehmer等（2011）研究发现，工作转换可以有效提升移民收入，而且跨区流动在三年后效果更明显，而年轻人和乡城移民在工作转换中的回报更高。Topel和Ward（1992）也指出，工作转换是影响年轻人职业发展的重要因素，劳动者在劳动力市场的前十年将经历七份工作，大约占到其职业生涯总数的2/3。在从过渡就业到形成稳定雇佣关系的过程中，工资增长起着关键作用，工作转换产生的工资增长占劳动者早期职业生涯工资增长的1/3。在控制不可观察的异质性后发现，保持工作稳定的最关键因素是工资，而工资增长是工作转换的最大结果。

工作变换带来的收入变化很大程度上还受流动模式差异的影响。首先转换工作的原因不同，结果也有差异。如Abbott等（1994）对加拿大女性就业的研究发现，工作转换短期内可以带来8%～9%的工资增长，而工作相关原因导致的离职带来的收入增加会比个人原因、被解雇或者其他原因导致的离职带来的工资增长更高。Bartel和Borjas（1981）研究指出，因为工作原因做出的辞职行为比因为私人原因做出的辞职行为对工资增长的积极影响更大。而工作变换带来的收入变化很大程度上还取决于流动是自愿的还是非自愿的（Gottschalk & Maloney，1985）。一般来说，主动辞职会带来工资增长，而非自愿流动（如被解雇或裁员）则意味着工资损失。因此，对于工作转换模式，首先要区分自愿工作转换与非自愿工作转换。Bartel 和 Borjas（1981）、Mincer（1986）的研究一致认为，自愿变换工作者比非自愿者和停留者在原有职位有更高的工资增长。Keith 和McWilliams（1997）的研究也支持这一结论，认为被解雇比裁员遭受的工资损失更大。此后，Perticara（2004）在讨论就业流动行为时，区分了自愿与非自愿职业流动与工资挣得中工作转换行为的关系，采用美国全国青年纵向调查数据（National Longitudinal Surveys of Youth data，NLSY）进行了计量分析，研究结果发现，当劳动者发现当前工资低于平均工资率时会自愿选择离开，特别是如果劳动者挣得比具有同样特征的同事低约30%时，选择离开的工人比那些挣得等于平均工资的工人的离职率高出1.5倍。而劳动者挣得比同样特征的同事高出30%时，所面临被解雇的风险高出约50%。同时，研究还发现，当工人获得更多的工作经验（对自己的真实生产力了解更多）或雇主信息来源增加时，工人的工资差异会缩小。而不同工作变换模式会产生不同的工资效应，自愿流动的平均工资涨幅为7%，非自愿流动的工资损失约为5%。也就是说自愿流动提升了工人在工资分布中的相对位置，而下岗或被解雇会遭受损失，50%的被动离职者经历工资损失，而70%的主动离职者工资会增长。虽然自愿流动会有积极的工资增长效应，但也有部分主动辞职者会经历工资损失。而且在职业生涯早期劳动者会通过工作转换获得较大的工资增长收益，但随着年龄的增长和职业生涯向上延伸，工作转换的收益似乎会消失，被解雇者的损失也会增加，特别是对高技能工人来说。Pavlopoulos 等（2007）利用来自英国和德国两个不同劳动力市场特征的面板数据（1991～2004 年），考察了自愿工作转换（Voluntary Job-to-Job Changes）对工资增长的影响。以往工作转换的工资增长效应研究假定工作转换对工资增长的影响与工人工资分布是无关的。事实上，劳动者变动工作的决策依赖于转换前的工资水平，因此在解释个体工作转换决策时，在职搜寻理论（On-the-Job Search Theory）认为，离开当前工作的风险率，以及当前工资与保留工资的差距，均随着当前工资提高而降低（Mortensen，1986；Van den berg，1992）。相比高收入工人，低收入的工人在职业生涯中更可能通过工作转换来提升其收入水平，因此，与高收入工人相比，低收入的工人选择保留的工资相对会高于当前工资（Van den berg，1992）。因此，Pavlopoulos 等（2007）根据工资分布情况将工人分为低工资工人和高工资工人，采用 Heckman 二步面板回归模型处理职业流动内生性，进而分析自愿工作转换对不同工资水平工人的工资的影响。研究最终发现，在英国自由劳动力市场上，工作转换率和相应的工资回报均高于德国。两个国家中，低工资工人更倾向于换雇主（企业间流动），而高工资工人更倾向于在企业内流动。低工资工人流动的平均收益高于高工资工人，而高工资工人流动没有明显工资变化。因此，对低工资工人而言，换雇主流动不失为一种较好的变换工作方式。研究还证实企业内流动的工资效应是不确定的，在英国，低工资工人从企业内流动中收益，而在德国则没有类似效应。而高工资收入的劳动者无法通过变换工作来提高工资率，为什么他们还会选择变换工作呢？可能是为了获得更高的年福利支付，或非工资福利的增加。Hospido（2010）利用美国家庭收入动态调查（Panel Study of Income Dynamics，PSID）工作史数据，采用误差构成模型（Error Components Model）考察工作转换（Job-to-Job Changes）对个体工资动态变化和差异的影响，区分自愿和非自愿工作转换并利用工具变量矫正内生性后，最终发现：工作内部转换产生的工资效应几乎为零，工作之间转换的工资效应显著，但很小，而自愿与非自愿转换之间的区别被证明是不相关的。而 Chadi 等（2014）区分了自愿离职、双方协议解除、解雇和企业关闭四种不同流动模式对工作满意度的影响，利用德国面板数据进行计量分析，结果发现：工作转换的积极效应随自愿流动程度改变而改变，自愿流动的程度越高，工作转换的积极效应越明显，如果是非自愿工作转换，如企业关闭，则劳动者对新工作的满意程度与工作转换没有关系。

而非自愿流动（如被裁员）会造成失业和工资收入损失等。部分学者研究发现，被裁员工会经历较长时期的失业（Farber, 2003；Kletzer, 1989；Podgursky & Swaim, 1987；Topel, 1990），在经济衰退期失业持续时间比扩张期更长，甚至出现永久失业（Permanently Displaced）（Seitchik, 1991）。被裁员产生的收入损失一般来说比失业效应更持久，被裁员的工人被估计收入损失在 10% ~ 25%（Farber, 1993；Hammermesh, 1989；Jacobson et al. , 1993；Ruhm, 1991；Stevens, 1997），且持续时间长达 5 ~ 7 年，而被裁员的工人能否重新形成职业能力取决于宏观环境与当地就业机会结构、裁员企业结构和工人获得再就业的努力，以及他们拥有的人力资本。Ge 和 Lehmann（2013）利用中国城乡劳动力流动调查数据，分析城市劳动力市场中裁员对农民工与城镇居民的成本差异，包括失业期的长短、工作时间、工资收入，还分析了非自愿流动是否会增加非正规就业和自雇佣行为，结果发现，失业后的农民工没有遭受了更长失业期和再就业后的工资损失，相反，城镇下岗职工遭受了更长失业期和再就业时大约 20% 的工资损失。所有下岗工人进入非正规就业的可能性增加，而农民工自雇佣的概率降低了。出现这种情况的原因在于城市劳动力市场分割性，由于农民工处于竞争劳动力市场，辞职与被裁员后的工作搜寻时间没有差别，因此农民工失业后再就业获得与辞职者和停留者相同的工资水平，而城镇职工处于细分市场，获得比农民工高的工资，失业后需要经过较长一段时间的搜寻才能重新被雇用，从而遭受工资损失。

除此之外，Romão 等（2001）利用葡萄牙 1997 ~ 1998 年雇主 -

雇员匹配数据（Longitudinal Matched Employer-Employee，LMEEM），检验工作转换、地区变动等对工资增长的影响，他们根据新旧工作地点的距离把工作转换划分为三种：50km内的转换、50～100km的转换、100km以上的转换。实证结果表明，在中小企业就业、受教育水平较高的年轻男性劳动者更倾向于流动，流动劳动者也更可能获得高工资，而同时经历地区变动和工作转换的劳动者获得的工资收入更高，而新旧工作之间的地理距离越远，流动者的工资增加越多。

2. 工作转换与工作满意度

Freeman（1978）做出了开创性贡献，他第一次把离职和工作满意度联系起来，利用美国全国跟踪调查（National Longitudinal Survey，NLS）和密歇根州工作质量与就业质量调查（Michigan Work Quality 1968 – 1969，Quality of Employment 1972 – 1973）数据分析了工作转换对工作满意度的影响，实证结果发现工作转换对工作满意度有显著负影响。Kristensen 等（2004）试图分析工作满意度和实际工作转换行为之间的关系，他们利用1994～2000年丹麦家庭面板数据（European Community Household Panel，ECHP）进行了实证分析，结果证实，工作满意度与离职预期显著负相关，低的工作满意度会增加离职可能性。而 Shields 和 Price（2002）、Appelbaum et al.（2003）利用英国和美国的调查数据，在探讨离职意愿与工作满意度之间的关系时，也发现离职意愿与工作满意度强相关。同样，Abreu 等（2011）使用英国研究生2002年和2003年的调查数据进行的实证分析也发现，工作地点变动对收入和职业满意度有显著影响，但变动职业和行业对收入和满意度有负向影响。

最近的一项研究是由 Chadi 等（2014）做出的，他们利用2001～2011年德国社会经济调查面板数据（German Socio-Economic Panel，GSOEP），试图检验改变工作场所对工作满意度的影响。结果发现，上一份工作结束与新工作的满意度强相关。当工人开始改变雇主时，他们将经历相对较高的工作满意度，虽然仅是在短期内。为了检验因果关系，他们以工厂倒闭作为工作转换的外生变量，发现工作转换对工作满意度没有产生显著影响。进一步分析发现，"蜜月效应（Honeymoon-hangover Effect）"可以很好地描述这一现象，即雇员在新工作的第一年满意度最高，要远高于平均满意度，不过，组织新进入者较高的满意度并不能持续下去，在接下来的时间里雇主与雇员关系会不断调整。Chadi 等（2014）选择了四种不同工作转换方式：辞职、双方协议解除、解雇和企业倒闭，来考察工作转换对工作满意度的影响。最后的实证结果显示，对于自愿性离职，新工作的蜜月效应相当稳健，但降低自愿流动水平后，如双方协议解除，新工作蜜月效应变小，对于解雇，可以看到的蜜月效应更小，而对于企业倒闭，基本上不存在蜜月效应。由此，得出结论：工作转换和工作满意度并没有因果关系，而且只有自愿转换者才会经历"蜜月效应"。

3. 工作转换与职业流动

Jovanovic（1979）的研究指出，工作转换次数增加是追求更高质量的职业匹配的结果，而 Sicherman 和 Galor（1990）的研究也认为职业变动是积极的职业生涯流动，通常就业者会转换到更高职位工作。而 Weiss 等（2003）、Eckstein 和 Weiss（1998）分析了从苏联到以色列的犹太移民的职业流动，他们的研究结果均显示，这些移民在到达以色列的第一年会遭遇一个真实的向下职业流动（在以色列高技能人才存在高失业率的情况下），不过，随着在以色列居住时间的增加，移民能够进行职业向上流动。而 Eckstein 和 Weiss（1998）对工作转换决定因素的估计发现，来自失业状态或者培训项目的劳动者转换到高职位状态工作的可能性很低，而对于一个起初接受低职位的移民来说，最终发生职业向上流动的可能性也很低。Chiswick（1977）对美国移民向下职业流动进行了研究，他发现，随着在美国居住时间的增加，移民可能会改善他们的职业状态，出现向上的职业调整。Longhi 和 Taylor（2013）使用英国劳动力调查数据研究发现，不同求职者之间的职业流动存在较大差别：在职的搜寻者更有可能找到平均工资高于前一份职业的工作，而失业后的求职者则更可能转换到低报酬职业。在职搜寻者和失业后的求职者表现出不同的职业流动模式，因此，他们不会接受同一类型的工作。Groes 等（2014）利用丹麦面板数据，考察职业流动的特征，发现对大多数职业来讲，流动性是"U"形的，其方向是：低工资者与高工资者离开初职的可能性都比较高，低收入者转换到低平均工资职业中的可能性更高，而高收入者更可能转换到高于平均工资的职业。这种双面选择模式的一个例外是，生产力急剧上升的职业中，主要是低工资报酬的工人倾向于离开，而生产力急剧下降的职业中，高工资报酬的工人倾向于离开。这些事实与被用来解释职业选择性的现存理论相冲突，但分析显示，这种模式与绝对优势中的垂直筛选理论相一致。职业可能会形成垂直层级，基于工人自身的绝对优势，职业的生产力和工人的能力互补引致了工人将自己归类，最初工人对自己的绝对优势不是充分了解的，当他们观察到自己的产出时他们就会根据自己的能力将自己重新归类，并要求职业地位上升。

而 Bauer 等（1999）对德国外裔移民的职业流动的研究也发现，移民存在向下职业流动，向下职业流动的可能性由于性别、迁移状态以及受教育程度不同而有较大差别，而高技能移民在迁移初期会面临较大程度的劳动力市场职位恶化，但相对低技能移民，他们会更快地恢复到原来的职业地位。同时，这些研究也都发现，随着在输入地居住时间的增加，移民可能会实现一种向上的职业流动（Chiswick，1977；Eckstein & Weiss，1998；Bauer et al.，1999），逐步实现与当地居民的融合。对此，人力资本模型的解释是，起初新移民拥有的技能是他们在输出国获得的，这些技能在流入地并不一定能全部得到回报，因为人力资本投资的国家特性，使其很难短期内在两个国家之间进行转换。因此，移民的职业流动具有"U"形特征，而这一特征会因移民的国别差异而有所区别，如 Chiswick 等（2005）和 Akresh（2006）的研究指出，如果移民来自发达国家，他们的职业流动的"U"形特征会更平坦，而来自发展中国家的移民职业流动的"U"形特征则会更陡峭，因为移民的技能有很强的国家特性，输出地与输入地之间的差距越小，移民技能随之迁移的可能性越高。不过，Simón 等（2009）对西班牙移民职业流动的研究显示，移民在西班牙会经历较强的向下职业流动（相对于移民母国的职业），这与他们进入劳动力市场初期便会遭遇向下的职业流动以及在后期很难向上调整有关。

三　工作转换与劳动力市场结果——
基于中国实证研究的评述

目前研究以乡 – 城迁移决定及其影响效应为主（周靖祥，2010），但部分研究开始转向探讨工作转换对农民工工资收入等就业质量指标的影响。这些实证研究按照它们所使用的调查数据的类型大致可分为两大类。

一是，基于截面数据，探讨是否变换工作或者工作转换次数对农民工收入的影响。如刘士杰（2011）利用 2008 年在北京、上海、广州和天津 4 大城市进行调查的数据，使用分位数回归探讨了职业流动对农民工工资的影响，研究结果表明，"是否变换过工作"对受访者工资水平并无显著影响，再次职业流动不会显著增加农村进城就业人员的工资收入。谢勇（2009）以南京市的农民工为例，利用 Order

Probit 模型分析了工作转换和农民工收入之间的关系。研究发现，更换就业城市的次数对农民工工资水平有显著正影响，但在本地更换工作单位的次数与农民工工资显著负相关，导致出现这种现象的原因可能是同城之间的就业流动为非自愿性转换，而城市之间的转换为自愿性转换，不同的流动方式对工资的影响截然相反。而马瑞等（2012）基于 2008 年对山东、陕西、吉林和浙江四省 296 名农村进城就业人员的实地调查资料，利用多元回归估计了工作转换对农民工工资收入的影响。研究结果证实，工作转换与农民工收入显著正相关，而工作转换次数也会对农民工收入产生显著正效应。研究认为，出现这种情况的原因是农民工的工作流动已经由被动式流动转为主动式流动，劳动力市场供求形势发生了改变。陈媛媛（2013）考虑到农民工群体内部的异质性，用中山大学社会学系于 2008 年 7～8 月针对珠三角农民工的调查数据，考察工作转换对农民工内部收入差异的影响。结果发现，工作转换对两代农民工的影响存在较大差异，工作转换次数与一代农民工的收入关系呈倒"U"形，但是工作转换次数对二代农民工收入并没有产生显著影响，即使控制了遗漏变量和矫正样本选择性偏差后，该结论仍然成立。

二是，基于工作史数据探讨劳动者工作转换前后的收入差异。如李强（1999）认为，农民工的职业流动相对频繁，并进一步将其职业流动区分为初次职业流动和再次职业流动。通过调查分析发现，农民工的初次职业流动有利于实现其职业地位的提升，但再次职业流动为水平流动，并没有实现其地位的改变。其原因可能在于农民工在城市中处于相对弱势地位，缺乏必要的地位积累、地位继承，同时社会资源积累也有限。邢春冰（2008）利用中国社会科学院 2002 年的 CHIP 数据分析了转换工作对于劳动者收入水平的影响。在控制样本异质性影响（初始收入水平）后发现，换工作对收入水平的影响要受到初始收入水平的影响。具体来说，对初始收入水平低的就业者来说，换工作会对其收入水平有正的影响，而对于初始收入水平较高的就业者来说，换工作反而会降低其收入水平。但换工作对就业者收入增长的影响不受初始收入水平的影响，不管是初始收入水平高者还是初始收入水平低者，换工作对其收入增长均产生显著正效应。黄乾（2010）利用 2006 年在上海、天津、广州、沈阳、昆明、威海和宜宾等七个城市进行的农民工调查数据，采用 Heckman 两阶段法估计了不同的工作转换模式（行业内工作转换与行业间工作转换）对农民工收入增长的影响效应。研究结果发现，对于不同收入水平的农民工，行业内工作转换的影响存在差异，对于低收入者，行业内工作转换有利于其工资增长，而对于高收入者，行业内转换则对其工资增长产生负效应。不过，行业间工作转换对高收入者和低收入者的收入增长均产生负效应。最近一项研究，吕晓兰等（2013）利用 2008 年 CHIP 数据的农民工调查部分，考察了不同职业流动模式收入效应的性别差异。研究发现，不同流动模式的收入效应有较大差异，其中，由工作和家庭原因引发的流动对男性农民工的后期收入具有显著正影响，由工作原因导致的职业流动对女性农民工的收入回报影响要显著低于男性，而单位原因导致的被动流动与男性农民工的后续收入水平显著负相关，但对女性农民工的影响并没有表现出统计显著性。而实现外出农民工适度流动和稳定就业提升就业质量，不能忽视性别差异因素。

四　工作转换对就业质量研究：评述及可拓展的实证方向

对于国内外实证研究进行分析，我们发现，现有研究大致有以下几个不足。

一是，考察工作转换对劳动力市场结果的影响大多局限于两个指标，一个是工资，另一个是工作满意度，很少从就业质量的角度去关注工作转换的影响效应。仅有少量研究考察了工作转换对养老保险、工作权限等的影响。如 Brand（2006）利用威斯康星纵向数据，分析了被裁员的工人在职业地位、工作权限以及雇主提供的养老金和保健保险等方面的福利损失及其差异。而国内研究更多是局限于对农民工工资收入的考察，缺少对其他就业质量指标如工作时间、劳动合同情况、社会保险参保情况，以及劳动关系情况等的考察。

二是，对不同工作转换模式的考察侧重于自愿流动与非自愿流动的影响差异，而实际工作转换行为中很难将自愿流动与非自愿流动完全区别开，缺少对农民工内部分化的思考。通过研究发现，农民工群体内部存在职业和经济地位分层的现象，因此，需要将农民工分为受雇就业者（或者工资性就业者）和自营就业者，探讨其工作转换的不同影响。同时，现有研究主要关注换雇主产生的影响，而忽视对自雇转换行为与行业转换行为的考察。

三是，国外文献探讨对象主要是永久性迁移者，缺乏对循环迁移工作转换及其对就业质量的影响效应研究。而国内对于农民工工作转换及其影响效应的考察，主要基于截面数据和工作史数据，要么探讨工作转换经历对收入的影响，要么探讨初始工作与现有工作的工资收入变化，缺乏对工作转换与收入变动动态机制的考察。

基于此，本研究将从以下几个方面予以拓展：第一，区分自营就业和受雇就业，探讨工作转换对两者就业质量的影响差异。第二，构建客观就业质量指数及其分指标，探讨工作转换对收入、劳动合同、养老保险、工作时间等就业状态的影响。第三，考虑工作转换异质性问题，考察不同工作转换类型对农民工就业质量的影响差异。如不同原因导致的工作转换、城市内与城市间转换、行业内与行业间转换等的影响差异。第四，尝试利用 RUMIC 2008 – RUMIC 2010 跟踪调查数据，考察工作转换对就业质量变动的影响效应，同时考察工作转换对职业流动方向及人力资本回报的影响。

第三章　就业质量测量与农民工
就业质量变动

一　引言

　　"我国城镇化的关键是农民工市民化"①，而高质量就业——在城市稳定就业和获得较高的收入，是农民工市民化的保证，否则，即使获得城市户籍，如果没有收入保障，农民工也难以在城市生存下去。国家"十二五"规划指出，要提高就业质量，让劳动者体面就业。党的十八大报告再次明确提出"推动实现更高质量的就业"，要求"做好农村转移劳动力的就业工作"。农民工就业质量问题成为关系国计民生的大问题。然而，我国农民工的就业质量到底是什么状态，其变动趋势如何，又如何对就业质量进行测量，都是值得深入研究的问题。

　　过去十年，关于就业质量的研究逐渐多了起来。虽然相关研究在关于如何更好地测量就业质量上仍存在较大差异（Erhel et al. , 2012），但在测量研究文献和实际评价中，已经取得一个基本共识：就业质量

---

① 韩俊：《城镇化关键：农民工市民化》，人民网财经频道，2013。

是一个多维概念，建立就业质量测量指标体系也需要一个多维框架（Clark，2005；Munoz de Bustillo et al.，2012）。而建立统一的就业质量测量指标体系，以进行就业质量测量的国别比较与动态趋势分析，也成为国际组织关注的重点，其中最有代表性的就业质量评价体系有五个：国际劳工组织（ILO，2012）提出的体面工作（Decent Work）指标体系，欧盟（European Commission，2008）提出的工作质量指数（Quality of Work Indicators）体系，欧洲基金会（Eurofund，2012）提出的工作与就业质量指标体系（The Quality of Job and Employment Indicators），联合国欧洲经济委员会（United Nations Economic Commission for Europe，2012）提出的就业质量测量指标体系（Measurement of Quality of Employment），经济合作与发展组织（OECD，2013）提出的生活福祉测量指标体系（How's Life? Measuring Well-being）。

这些测量评价体系一般包含两个维度的指标体系。

一是，个体水平的工作和就业质量（Work and Employment Quality at the Individual Level）维度，主要是关于工作特征的相关指标，包括收入（平均收入、低报酬工人比例、就业全体中贫困者比例）、工作时数和工作时间安排（每周实际工作时间、非自愿兼职时间、过度工作员工比例、短期灵活雇工比例）、工作保障（兼职等比例、短期工作经历者比例、自雇佣者比例）、终身学习（工作年龄人口参与培训和在职教育比例、过度教育或者教育不足者比例）、工作安全与健康（职业伤害概率、职业病发病率、工作压力、高危身体伤害员工比例）、工作组织与内容（工作自主性、工作强度、有效工作的自评价、当前工作的满意度）、工作场所关系（与同事和监督者之间关系指标、歧视、骚扰等）、社会保障体系（失业保险和其他收入支持、关爱家庭政策、养老金、健康保险）。

二是，总体层面的更宽泛的决定工作质量的经济和社会环境维度，如经济社会因素（劳动就业率、失业率、劳动参与率、工会覆盖率、集体谈判覆盖率、收入不平等、劳动人口受教育程度、GDP 增速、劳动生产率、通货膨胀率）、就业不平等和雇佣伦理（工资和就业机会的性别差距、职业隔离、残疾人就业、少数民族与移民就业、童工与强迫劳工）。

不过，这些测量指标体系也存在一个问题，就是就业质量大多被定义为宏观经济概念（Macroeconomic Concept），主要聚焦于国家或者地区层面的比较研究，而忽视基于个体视角的测量与比较（Individual-Based Concept），或者虽然考虑了个体维度，但测量指标大多选择产业、地区或者国家层面的平均收入、工作时间等，并没有对个人（个体）的就业质量进行进一步测量。仅有 Erhel 等（2012）使用个体层面指标，如非正规就业（临时工作和兼职就业）、工作时间（实际工作时间）、技能和职业发展（利用职业流动衡量），来分析高技能办事员、低技能办事员、高技能体力劳动者、低技能体力劳动者等四个层次劳动者工作质量的变动趋势。不过，由于仅仅选择非正规就业、工作时间、技能和职业发展等三个指标进行测量分析，缺少对就业质量核心指标——工资的考察，并且在个体层面并没有计算就业质量指数（Job Quality Index，JQI），研究存在较大的拓展空间。

而国内对就业质量的研究主要针对其涵盖的具体指标展开，如马庆发（2004）认为，"就业质量"一般包括职业社会地位、工资水平、社会保障、发展空间等四大方面。程蹊、尹宁波（2003）从劳动就业环境、劳动者生产效率及对经济生活的贡献程度三个方面对就业质量进行界定。刘素华（2005）指出，就业质量是一个综合范畴，反映了劳动者在就业过程中与生产资料相结合获得报酬的优劣程度。王华艳（2008）认为，就业质量的内涵是劳动薪酬收入、就业机会的平等性、岗位工作的稳定性和可选择性、工作场所的安全性和劳动风险的保障性，以及劳动关系的和谐性等方面的综合概念。赖德胜等

（2011）建构了就业环境、就业能力、就业状况、劳动者报酬、社会保护、劳动关系等六大指标体系，对地区就业质量进行了测量。而对农民工就业质量的研究，主要集中在两个方面：一是对农民工就业质量现状的描述性分析。认为农民工就业质量总体偏低，工资报酬低，劳动强度大，超时加班现象普遍，就业岗位不稳定，签订劳动合同的比例较低，且劳动合同短期化，存在大量临时工和劳务工。劳动条件差，集中在以体力劳动为主的建筑业、制造业、餐饮服务业等行业中，从事的多是重、累、苦、险、脏等工种，职业病和工伤事故频发。社会保障权益得不到有效保障，农民工参保比例很低。二是影响农民工就业质量的原因分析。分析人力资本、社会资本和制度等因素对就业质量的影响（谢勇，2009；赵立新，2005；彭国胜，2008）。

　　总体而言，国内对就业质量的研究起步相对较晚，现有就业质量研究明显不足，关于农民工就业质量，多采用工资水平来衡量。就业质量是一个多维概念，工资只是衡量就业质量的重要指标之一，劳动权益、就业保障等也是反映就业质量的重要指标，对农民工就业质量进行评价和比较研究，需要建立一套相对客观而全面的就业质量测量指标体系，而以往的研究极少做此工作。因此本章考虑构建农民工就业质量测量指标体系，并利用 RUMIC 2008 – RUMIC 2010 数据，对农民工就业质量进行测量，并分析其变动趋势。

二　农民工就业质量：测量框架与数据来源

（一）农民工就业质量测量框架

对于农民工就业质量客观指标，我们参考 Erhel 等（2012）的做法，在四个层面进行测量：收入、工作时间、劳动合同、社会保障。其中：①收入是衡量就业质量最重要的指标，在以往的研究中使用最为频繁，采用"月收入水平"来表示。②工作时间。如果农民工的收入水平较高，但劳动时间过长，不能表示其就业质量较高，国家法律规定，平均周工作时间不得超过44小时。因此，工作时间使用"周工作时间"来表示。③劳动合同。通常认为，对工资性就业者而言，签订了劳动合同意味着正规就业，合同期内雇主不能随意解雇劳动者，而且劳动者相应的工资待遇、社会保障权益等都有所保障。因此，劳动合同使用"是否签订固定或者长期劳动合同"虚拟变量来表示。④社会保障，我们采用"是否参加养老保险"来表示。选择"是否参加养老保险"的原因大致有以下几个：一是，养老保险和医疗保险是城镇社会保险最主要的两个险种，而随着新型农村合作医疗制度的推进，农民包括进城农民工的医疗保险状况得到一定改善，不过农民工养老保险的覆盖率和保障水平依然不高，而是否参与养老保险成为衡量其就业状态好坏的重要标杆；二是，随着《城镇企业职工基本养老保险关系转移接续暂行办法》的逐步实施和基础养老金全国统筹，相对于其他社会保险来说，养老保险的惠及面及农民工参与主动性可能会有一定优势。

而对农民工就业质量指数，我们参考 Leschke 和 Watt（2014）的研究使用多维就业质量指数（Multi-dimensional Job Quality Index）来测量，首先对测量维度包含的指标进行标准化处理，标准化公式为：

$$x_{ij}^{nor} = (x_{ij} - \min_j)/(\max_j - \min_j) \quad j = 1, \cdots, 4$$

x_{ij}^{nor} 为标准化后的客观指标，i 为农民工个体，j 为四个测量维度，包括月收入（$j=1$）、是否参加养老保险（$j=2$）、周工作时间（$j=3$）、是否签订固定或者长期劳动合同（$j=4$），$\min_j$ 为 j 维度指标的最小值，$\max_j$ 为 j 维度指标的最大值。

同时，我们需要注意到这样一个问题，就是月收入、参加养老保险、签订固定或长期劳动合同与农民工就业质量之间是正向关系，月收入越高，农民工就业质量越高，而参加养老保险和签订固定或长期劳动合同都是代表农民工就业质量提升的指标，不过工作时间与农民工就业质量为负向关系，工作时间越长，加班越多，农民工就业质量反而越低。为了实现指标加权平均，我们用 1 – 标准化后的周工作时间，获得周工作时间的反向指标，并以此来测量就业质量。

客观指标指数的计算还需要明确各指标的权重，而等权平均法或者简单平均法是常用的方法，我们参考 European Commission（2008）和 Eurofound（2012）等的测量框架，采用等权平均法来获得客观就业质量指数：

$$Q_i^o = \sum_{j=1}^{4} x_i^{nor}/4 \times 100$$

考虑到受雇就业者与自营就业者的差异，自营就业者由于无须考虑劳动合同情况，其客观就业质量指数计算采用如下公式：

$$Q_i^o = \sum_{j=1}^{3} x_i^{nor}/3 \times 100$$

（二）数据来源与变量定义

就业质量测量数据均来自中国城乡劳动力流动调查（Rural Urban Migration in China，下文简称 RUMIC）中对外来务工人员的调查问卷，该调查主要在劳动力流入和流出数量较大的典型城市进行，包括广州、东莞、深圳、郑州、洛阳、合肥、蚌埠、重庆、上海、南京、无锡、杭州、宁波、武汉、成都 15 个城市，样本抽取以及入户访谈都由国家统计局系统协助完成，调查问卷由中外有关学者共同设计，保证了抽样的随机性和科学性。对外来务工人员的调查以工作地为抽样点，目前获得了三次调查数据，分别为 RUMIC 2008、RUMIC 2009、RUMIC 2010，其中：2008 年 5007 户，8446 个体样本；2009 年老住户 1821 户，3921 个体样本，2009 年新住户 3422 户，5426 个体样本；2010 年老住户 2543 户，5518 个体样本，新住户 2491 户，3862 个体样本。

探讨农民工就业质量，首先要对研究变量进行定义。本文将农民工定义为，16～64 岁目前正从事工资性工作或者自我经营的农村户籍人口①，即就业农民工可分为两类，受雇就业（或工资性就业）和自营就业（或自雇就业）。其中：农村户籍人口包括外地农业户口和本市（县）农业户口。而对于"是否签订固定或者长期劳动合同"的衡量，合并了固定合同工和长期合同工。调查地区划分为三个：珠三角地区（广州、东莞、深圳）、长三角地区（上海、南京、无锡、杭州、宁波）、中西部地区（郑州、洛阳、合肥、蚌埠、武汉、成都、重庆）。行业大致分为三类：制造业、建筑业、服务业。企业规模分为三类：50 人以下的企业、50～100 人的企业、100 人以上的企业。

三 农民工就业质量测量与比较分析

（一）农民工就业质量测量：2008～2010年

使用客观指标指数，基于 RUMIC 2008 - RUMIC 2010 三年的数据，对农民工的就业质量进行测量，得到的年度平均值，同时从四个测量维度分别进行均值描述。具体测量值见表 3 - 1。

---

① 样本中务农、失业人员的比例较低，不足 1%，而家庭帮工大多不领取工资，所以把三者全部删掉。仅考虑就业样本，即研究只分析受雇就业和自营就业两种就业类型的农民工。

表 3-1　农民工就业质量现状与趋势

	年份	就业质量	月工资	养老保险	劳动合同	周工作时间
受雇就业者	2008	36.018	1410.285	0.2148	0.4746	59.20
	2009	38.180	1629.817	0.2371	0.5211	58.04
	2010	42.007	1816.476	0.2649	0.6185	57.83
自营就业者	2008	20.039	2085.688	0.0542		75.43
	2009	20.193	2113.048	0.0740		77.18
	2010	20.677	2324.493	0.0669		76.77

　　总体上来看，2008～2010 年受雇农民工就业质量稳步上升，就业质量环比分别增长约 6% 和 10%，2010 年就业质量增速略高于2009 年。而从分指标来看，大致可以看出 2010 年就业质量增速提升主要是由于固定合同或者长期劳动合同签订率大幅提升，2010 年拥有固定合同或者长期劳动合同者相比 2009 年增速约为 18.7%，这与新《劳动合同法》的实施有关，新《劳动合同法》自 2008 年 1 月 1日正式施行，实施效应可能存在一定的滞后性，而 RUMIC 数据大部分是在调查年份上半年进行的，反映的是过去一年的情况，这导致最终 RUMIC 2010 固定合同或者长期劳动合同者签订率远高于 RUMIC2009。除劳动合同外，工资水平和养老保险参保率也都保持稳定增加。样本农民工平均月工资水平略高于全国水平（《2013 年全国农民工监测调查报告》显示，同期全国农民工平均工资水平分别为 2008年 1340 元、2009 年 1417 元、2010 年 1690 元），这可能与抽样点以珠三角地区、长三角地区和中西部大中城市为主有关。而从农民工工资增幅来看，2008～2010 年三年间，年均增长约 200 元，增长率约为 13.5%，工资水平保持了稳定增长趋势。调查农民工养老保险参保率 2008～2010 年从 21.48% 增加到约 26.49%，养老保险参保率远高于同期全国水平（《2013 年全国农民工监测调查报告》显示，同期全国农民工参加养老保险比重，2008 年为 9.8%，2009 年为 7.6%，

2010 年仅为 9.5%），这可能与大中城市在劳动权益保护等方面投入更多有关。而对于周工作时间，整体上虽呈减少趋势，但变化并不大，农民工加班现象依然普遍存在。

而自营就业者就业质量测量情况显示，2008～2010 年自营就业者就业质量略有上升。而从分指标来看，自营者 2008～2010 年月收入水平逐步提高，但养老保险参保率在 2010 年出现下滑，周工作时间在 2009 年出现增加趋势，这可能与国际金融危机的冲击有关，中小企业主（自营就业者）不得不通过加班或者减少开支（不缴纳养老保险）的方式来应对经济下行带来的负面影响。

对于受雇就业者和自营就业者的就业质量来说，由于客观测量指数涵盖指标不一样，两者的就业质量指数不具有可比性。就两者的收入、养老保险及周工作时间指标进行比较，发现 2008～2010 年，自营就业者的平均收入都高于受雇就业者，这个差距在 2008 年为675.4 元，2009 年缩小为 483.2 元，不过 2010 年又有所回升，达到508 元。而在参加养老保险方面，受雇就业者的比重要远高于自营就业者，2008 年和 2009 年均高出约 16 个百分点，而 2010 年这个差距进一步拉大到 19.8 个百分点，这与养老保险制度特别是养老保险征缴方式有关。目前养老保险主要采取企业代扣代缴方式，根据《社会保险费申报缴纳管理暂行办法》，缴费个人应当缴纳的养老保险费，由所在单位在其工资中代扣代缴。而缴纳单位必须按照规定严格履行代扣代缴义务，受雇就业者由于就业单位受到一定程度的监督，养老保险缴纳具有一定的强制性。而自营就业者特别是个体户需要自行缴纳养老金，在养老金保障率不高的情况下，自营就业者缴纳的积极性并不高，导致其出现较低的养老保险参保率。同时，我们发现自营就业者周工作时间也要远高于受雇就业者，2008 年高出约 16 个小时，而 2009 年达到最大，约为 19 个小时，2010 年有所回落，但仍有 18.9 个小时。自营就业者劳动时间偏长与自营活动的特点有关，因为自营就业者大多为商贩、小店业主等，自营活动需要投入较多时间，另外经营活动也可能主要靠自营者一个人去完成，致使其工作时间偏长，甚至远高于受雇就业者。

（二）就业质量测量指数在不同个体和工作特征之间的差异

不同个体和工作特征对就业质量的影响差异，如表 3 - 2 所示。

从表 3 - 2 可以看出，就个人特征而言：对受雇就业者和自营就业者来说，年龄与就业质量均呈倒"U"形关系，随着年龄增加，农民工就业质量起初增加，在 21 ~ 40 岁就业质量达到最高，随后逐渐下降，而 50 岁以上者就业质量甚至低于 20 岁以下农民工。这说明对于城市农民工就业市场而言，年龄是影响其在就业市场上获得工作岗位和报酬的重要因素。而当年龄增长到一定程度后，如 50 岁后，由于身体条件的变化，农民工在劳动力市场上竞争力减弱，就业质量开始下降。同时性别对农民工就业活动也具有重要影响，对受雇就业者和自营就业者来说，男性的平均就业质量高于女性。这表明，通常情况下，男性在劳动力市场上具有一定的就业优势。而从婚姻状况看，已婚受雇就业者的平均就业质量高于未婚受雇就业者，而对自营就业者来说，则正好相反，未婚自营就业者的平均就业质量高于已婚自营就业者。可能是由于自营就业者的工作时间更长，而结婚意味着怀孕生子，照顾家庭的时间和精力投入更多，而影响自营活动，从而降低了就业质量。

从人力资本因素来讲，测量结果显示，对于受雇就业者，受教育程度和培训经历与农民工就业质量存在正相关关系，受教育程度越高，就业质量越高，而有培训经历者的农民工，其就业质量也要远高于没有培训经历者。不过，对于自营就业者而言，高中教育程度者的就业质量略高于大专及其以上者，进一步显示，高等教育对于创业活

表 3 - 2　就业质量测量指数在不同个体和工作特征之间的差异

	变量	受雇就业者	自营就业者
年龄	20 岁及以下	32.8433	18.3837
	21 - 30 岁	40.5662	21.6280
	31 - 40 岁	41.3501	20.4058
	41 - 50 岁	37.2832	19.3086
	50 岁以上	29.4785	18.7393
性别	女	36.9491	19.5268
	男	39.7693	20.9176
受教育程度	小学及其以下	30.8342	17.5573
	初中	36.1792	20.1712
	高中	42.2527	22.9427
	大专及其以上	43.8762	21.1469
婚姻	未婚	37.9458	22.7646
	已婚	39.1987	20.0626
培训	无培训经历	35.3475	19.6828
	有培训经历	42.3767	23.1696
外出时间	1 年以下	31.3712	20.0071
	2 - 3 年	35.1580	21.0363
	4 - 5 年	38.866	20.7233
	6 - 10 年	39.4405	19.9495
	11 年	40.5460	20.3471
就业行业	制造业	48.7606	24.5618
	建筑业	28.6532	26.1937
	服务业	36.5665	20.0132
企业规模	100 人以上企业	47.3357	23.9204
	50 - 100 人企业	38.8353	23.75
	50 人以下企业	32.5733	20.2608
就业地区	中西部地区	31.6494	18.4812
	长三角地区	42.4491	23.3567
	珠三角地区	45.5978	23.1888

动的促进作用有限，甚至不如高中教育。从工作经验（外出时间）来说，外出时间对受雇就业者就业质量有积极作用，就业质量随着外

出工作经验的增加而增加，不过外出时间超过 5 年后，就业质量增速放缓。这可能与户籍隔离有关，农民工长时间在外务工，但始终无法融入城市，而随着年龄增长，其就业的弱势地位凸显，导致最终就业质量增速下降。同时我们发现，不同外出时间对自营就业者的就业质量影响差异并不大，自营就业者外出 2~3 年的就业质量最高，但与其他外出就业年限的就业质量差异并不大。

工作特征方面，我们选入了三个变量：就业行业、企业规模和就业地区。对于行业分类，测量结果显示，受雇就业者在制造业的就业质量最高，而对于自营就业者而言，其在建筑业实现自营的就业质量最高。从就业企业规模来说，企业规模越大，受雇就业农民工就业质量越高，说明大企业在农民工工资、社会保障等劳动权益保护方面要优于中小企业，这在一定程度上提升了受雇就业农民工就业质量。而对于自营就业者来说，规模越大，自营就业者平均就业质量越高，但50~100 人规模的企业和 100 人以上规模的企业的差异并不大。最后，来看地区差异，测量结果显示，长三角地区和珠三角地区农民工的平均就业质量都远高于中西部地区，而珠三角受雇农民工平均就业质量高于长三角地区，说明珠三角农民工在工资等就业质量上仍具有一定的优势。

四　本章小结

本章采用多维就业质量指数构建农民工就业质量测量框架，并利用 RUMIC 2008 - RUMIC 2010 的数据对农民工就业质量进行测量。结果发现在调查区间 2008~2010 年，受雇就业者与自营就业者就业质量都提高了，而从分指标来看，受雇就业者的月工资收入、固定或长期劳动合同签订率、养老保险参保率都上升了，周工作时间也略有下降。而对自营就业者而言，平均月工资收入增加，但养老保险参保率在 2010 年出现下滑，周工作时间也减少了。而从两者的比较来看，自营就业者的月平均收入均高于受雇就业者，2009 年和 2010 年高出部分约占受雇就业者平均工资的 30%，2008 年高出部分约占受雇就业者平均工资的 50%，而养老保险参保率低于受雇就业者，当然周工作时间也比受雇就业者平均高出约 20 小时。

再看个人特征、工作特征对就业质量的影响，年龄与就业质量均呈倒 "U" 形关系，男性的就业质量高于女性。受雇就业者中已婚者的平均就业质量高于未婚者，而自营就业者中未婚者高于已婚者。对于人力资本因素，受教育程度和培训经历与受雇者就业质量存在正相关关系。不过从工作经验（外出时间）来说，受雇就业者就业质量随着外出工作经验的增加而增加，但当外出时间超过 5 年后，就业质量增速放缓。而对自营就业者而言，高中教育程度的自营者就业质量最高，甚至高于大专及其以上学历的就业者。首先考虑到农民工创业群体的学历结构，高中文化程度可能是其最高学历了，受过高等教育（含大专）的劳动者大多是正规就业者，进入了主要劳动力市场，与农民工就业市场分属两个分割的市场。其次，这也反映出，高等教育对创业活动的促进作用有限。就工作特征而言，受雇就业者在制造业的就业质量最高，而自营就业者在建筑业实现的就业质量最高。对于就业企业规模来说，企业规模越大，受雇就业和自营就业农民工就业质量越高，不过对于自营就业者来说，100 人以上规模和 50～100 人规模企业的就业质量差异不大。从就业地区来看，长三角地区和珠三角地区农民工的平均就业质量都远高于中西部地区，而珠三角受雇农民工平均就业质量高于长三角地区，自营就业农民工两个地区的差异不大。这说明珠三角在工资、权益保障等就业质量上仍有一定优势。

第四章 工作转换与农民工
就业质量决定

一 引言

20世纪90年代以来，我国大量的农村劳动力进入城市，填补了制造业、建筑业、餐饮服务业等劳动密集型产业的岗位空缺，农民工已成为支撑我国工业化、城镇化发展的重要力量。不过在城市劳动力市场上，农民工仍处于弱势地位，就业质量偏低，突出表现为就业集中在劳动密集型行业，缺乏发展空间，而且普遍存在工资偏低、劳动安全条件差、工作时间长和用工管理不规范等诸多问题（高文书，2006；"中国农民工战略问题研究"课题组，2009）。农民工外出就业流动频繁（白南生等，2008），其流动性明显高于城市劳动者，甚至比发达市场国家的流动率高出数倍（Knight等，2004；田明，2013），而且近年来，可能出现了"短工化"趋势。如《农民工"短工化"就业趋势研究报告》[①] 显示，农民工就业趋势呈现两个特征：一是，高流动性，近

---

① 转引自陈晓《农民工"短工化"愈演愈烈》，《民生周刊》2012年第8期。

2/3 的农民工有换工作的经历，而其中的 1/4 在过去 7 个月里转换过工作，而一半的农民工在不到两年内（约 1.8 年）转换过工作；二是，工作转换趋于水平化。农民工工作持续时间较短，平均每份工作的工作年限仅有两年，而且前后两份相邻工作的间隔时间大概只有半年。而且这一"短工化"现象呈现逐年增加趋势，从 2004 年开始上一份工作的农民工，其工作持续的时间大概为 4.3 年，而从 2008 年开始上份工作的农民工，其工作时间仅为 2.2 年，工作持续时间缩短了近一半。

农民工在城市劳动力市场频繁转换工作，已经是农民工市场的普遍现象和重要特征（白南生、李靖，2008；高颖，2008；黄乾，2010），部分研究将其解读为农民工群体为了提高其工资水平进行的主要活动（蔡昉等，2005；刘林平等，2006），同时也是他们争取和维护自身权益的具体行动，即"用脚投票"（简新华等，2005；梁雄军等，2007）。但工作转换对农民工就业质量究竟产生了怎样的影响？分析的理论依据不同，得到的解释有很大差异，甚至完全相反。

从工作搜寻与匹配模型来看，工作转换提供了一个劳动力市场资源有效配置的机制。随着劳动力对城市劳动力市场就业信息的逐步了解，丰富的搜寻经验有助于他们获得更高报酬的工作（Burdett，1978），而随着工作时间的增加，劳动者自身劳动能力会得到充分发挥，如果当前工作与自身的期待不匹配，那么他们往往会选择通过转换工作来改变就业状况，在这种情况下，工作转换无疑会改善就业状态，如增加工资或者转换到发展空间更大的岗位（Jovanovic，1979）。"转换者 - 停留者"模型则显示，工作流动取决于个体不可观测的特征，如跳槽惯性（Job Hopping），这种不安定因素使得流动者效率更低，从而收入增长缓慢，而且这种流动性倾向不会随工作时间的增加而减少（Blumen 等，1955）。从这一视角来看，大多数处于次要劳动力市场上的农民工，生产效率并不高，其流动惯性必然会带来就业质量的弱化，反而降低其在劳动力市场的收入回报等。而专用人力资本理论则认为，专用人力资本的迁移性较差（Becker，1962），从这个角度来讲，农民工工作转换后难以在新岗位上发挥前期积累的专用人力资本优势，也无法获得高于甚至是等同于上一份工作的报酬，导致其起点薪酬较低。不过，工作转换同样会带来更多的可替代专用人力资本投资的机会，进而实现转换者短期内收入的快速增长（Mortensen，1988）。因此，从专用人力资本角度来看，工作转换对就业质量的影响并不确定。而中国独特的户籍制度使得分割劳动力市场理论在诠释农民工工作转换影响中具有天然优势，分割劳动力市场理论认为劳动力市场是异质的，存在着两个不同的场所：主要劳动力市场和次要劳动力市场，前者工资收入高、福利待遇好、职业发展前景好、雇佣关系规范，且工作稳定，而后者工资收入低、工作环境差，工作不稳定、几乎没有福利待遇、流动性大、缺少发展空间（Piore，1975）。独特的户籍制度，把农民工束缚在次要劳动力市场上，农民工在城市难以获得好的工作，农民工自身期望与工作实际情况的匹配程度较低，城乡分割是影响农民工频繁变换工作的关键因素（张春泥，2011），也导致了农民工出现较高的换工作发生率（Knight 等，2004）。但由于其工作转换空间始终是在就业质量偏低的次要劳动力市场，所以工作转换对其就业质量提升作用十分有限，反而由于频繁的工作转换，农民工无法有效实现技能提升和人力资本积累，这可能会进一步弱化其在城市劳动力市场上的竞争力，最终其就业待遇和就业质量反而会下降。

而在实证研究方面，关于工作转换是否能提升农民工就业质量（如工资收入等），目前实证研究也没有得到一致的结论。如邢春冰（2008）利用中国社会科学院 2002 年的 CHIP 数据，分析了换工作对劳动者收入水平的影响，发现：工作转换对就业者收入的影响，取决于初始收入水平。初始收入水平低的就业者，换工作会显著提升其收入水平，而对于初始收入水平高的就业者，工作转换反而会降低其收入水平。而刘士杰（2011）利用2008年在北京、上海、天津和广州四个城市进行的问卷调查资料，使用分位数回归和OLS回归两种方法估计了工作转换对农民工工资的影响，结果发现工作转换可能对农民工工资水平产生负效应，但这一效应并不显著。不过，马瑞等（2012）使用基于山东、陕西、吉林和浙江等四省农村进城就业人员的调查数据，估计了职业流动对进城务工人员工资收入的影响效应，结果发现：职业流动与农民工工资收入显著正相关，而工作变换次数越多，农民工工资收入水平越高。

不过这些研究仍存在两个问题：一是，主要依赖于追忆数据，对于工作转换的定义主要强调换工作经历或者当前工作与首次务工工作的差异，无法进行追踪分析，数据和研究对象定义上的不足，使得研究结果缺乏稳健性，说服力不强；二是，调查对象并没有区分受雇就业者和自营就业者，由于受雇就业者和自营就业者在收入、工作时间方面存在较大差异，不区分子样本而混合回归，可能会导致估计偏误。

基于此，本章将利用RUMIC的面板数据，在区分受雇就业和自营就业的情况下，探讨工作转换对农民工就业质量决定的影响。对于农民工就业质量的衡量，采用客观指标指数，包括总指数和分指标。同时考察工作转换的滞后效应，将滞后期工作转换引入方程，考察工作转换对就业质量是否存在跨期效应，来检验当期工作转换对就业质量影响的稳健性。

二 模型与数据来源

（一）估计模型

就业质量指数、收入、工作时间等因变量为连续变量，可采用含有个体异质性的线性模型来估计：

$$y_{it} = x_{it}\beta + c_i + u_{it}, t = 1, \cdots, T \tag{1}$$

其中，y_{it} 为个体 i 在 t 期的结果变量，如就业质量指数、月工资收入或周工作时间。不可观测的个体异质性，使用 c_i 来表示，u_{it} 为时变误差项（Idiosyncratic Errors）。而 x_{it} 为 $1 \times k$ 维变量，包括时变变量（随时间变化而变化）和非时变变量（不随时间变化而变化）。

因此，x_{it} 也可以写为 $pturnover_{it} + w_{it}\gamma + z_i\delta + g_t\theta$，那么线性估计模型可以写为：

$$y_{it} = pturnover_{it} + w_{it}\gamma + z_i\delta + g_t\theta + c_i + u_{it}, t = 1, \cdots, T \tag{2}$$

其中 $turnover_{it}$ 为研究主要关注解释变量：工作转换，$turnover_{it}$ 为二值虚拟变量，其中出现工作转换为 1，没有发生工作转换为 0，w_{it} 为时变变量（年龄、外出时间等），g_t 为时间虚拟变量，z_i 为非时变变量（性别、受教育程度等）。

同时，还估计了工作转换对农民工养老险和劳动合同的影响，由于因变量为是否参加养老保险和是否签订固定或长期劳动合同，均为离散变量，所以需要使用面板非线性模型来估计。

假设参加养老保险和签订固定或者长期劳动合同满足下列非线性方程：

$$y_{it}^* = x'_{it}\beta + c_i + u_{it}, t = 1, \cdots, T \tag{3}$$

其中 y_{it}^* 不可观测，其选择规则为：

$$y_{it} = \begin{cases} 1, if \ \ y_{it}^* > 0 \\ 0, if \ \ y_{it}^* \le 0 \end{cases} t = 1, \cdots, T \tag{4}$$

如果 $u_{it} \mid (x_{it}, c_i) \, normal(0,1)$ 则可通过 Probit 来进行估计：

$$p(y_{it} = 1 \mid x_{it}, c_i) = \phi(x_{it}\beta + c_i), t = 1, \cdots, T \tag{5}$$

其中 y_{it} 为个体 i 在 t 期的结果变量，如是否参加养老保险、是否签订固定或长期劳动合同，而 c_i 为不可观测的个体异质性，u_{it} 为时变误差项。

x_{it} 为 $1 \times k$ 维变量，包括时变变量和非时变变量，非线性估计方程也可以写为：

$$p(y_{it} = 1 \mid x_{it}, c_i) = \varphi(\rho turnover_{it} + w_{it}\gamma + z_i\delta + g_t\theta + c_i + u_{it}), t = 1, \cdots, T \quad (6)$$

（二）数据来源与变量定义

数据来源于中国城乡劳动力流动调查（Rural Urban Migration in China，下文简称 RUMIC）2008～2010 年三年的外来务工人员数据。由于外来务工人员追踪调查比较困难，在 2008 年初次调查后，2009 年和 2010 年调查中均使用了新住户问卷和老住户问卷来区别填写，住户的跟踪存在一定的遗失率，数据为非平衡面板数据。

本章重点讨论农民工工作转换对其就业质量水平的影响，首先需要对农民工工作转换进行定义。国外文献通常使用"两个连续调查期内是否从事同一份工作"来衡量（Pérez & Sanz，2005），主要强调调查时点之间是否进行了工作转换。而本文主要使用面板数据来探讨工作转换的影响，调查问卷设计了"您哪年开始从事当前这份主要工作的"和"您外出经商以来的第一份工作是不是您现在的工作"两个选项，我们结合 Pérez 和 Sanz（2005）的定义，把工作转换定义为在调查期当年内是否变换过工作，具体的设定为：调查年份为 t 年，如果被调查者开始从事当前这份工作的时间大于或等于 t 或者外出经商以来的第一份工作不是现在的工作，那么就定义为进行了工作转换，否则界定为未进行工作转换。与国内的定义相比，我们的定义更加强调最近一次转换工作的经历，或者说我们更加强调最近一次换工作前的工作状态与换工作后从事的当前这份工作的状态差异性。

其他数据定义同第三章，根据变量定义，删去数据缺失的样本，获得有效分析样本 14633 个，其中受雇就业样本 10729 个，自营就业样本 3904 个。

（三）数据描述性统计

经验方程（2）和经验方程（5）控制变量的选择，参考 Chadi 等（2014）和 Erhel 等（2012）的经验研究把个体特征（年龄、性别、受教育程度等）和工作特征（就业行业、企业规模和就业地区等）等引入经验方程。考虑到受雇就业和自营就业从业差异，分为两个子样本分别进行分析，主要解释变量分布特征如表 4-1 所示。

首先，农民工的工作转换情况，对于受雇就业者，3 年间有 2580 人次发生了工作转换，占总样本的 24.05%，其中 2008 年的工作转换发生率为 22.77%，2009 年的工作转换发生率为 27.56%，2010 年的工作转换发生率为 22.95%，而对于自营就业者 3 年间有 410 人次转换工作，占总样本的 10.5%。因为对于工作转换的定义为"调查期当年内是否变换过工作"，最终受雇就业者的工作转换发生率为 24.05%，这与工众网工众研究中心与清华大学社会学系联合发布的《农民工就业"短工化"趋势》调研结果基本相近——"25% 的人在近 7 个月内更换了工作"[①]，这说明了农民工存在较高的工作转换率，而且约 1/4 的农民工在一年内发生了工作转换。

从表 4-1 我们可以得到样本概况：外出农民工以男性已婚青年农民工为主，受雇就业者男性占到 59.65%，略高于自营就业者男性

---

① 转引自陈晓：《农民工"短工化"愈演愈烈》，《民生周刊》2012 年第 8 期。

表 4 – 1 主要解释变量描述性统计

变量	受雇就业			自营就业		
	均值（标准差）	最小值	最大值	均值（标准差）	最小值	最大值
工作转换（转换 = 1）	0.2405（0.4274）	0	1	0.1050（0.3066）	0	1
年龄	30.143（9.9175）	16	64	35.872（8.6351）	16	64
性别（男 = 1）	0.5965（0.4906）	0	1	0.5912（0.4917）	0	1
受教育年限	9.4014（2.4483）	1	20	8.3248（2.4021）	1	16
婚姻（已婚 = 1）	0.5696（0.4952）	0	1	0.9096（0.2868）	0	1
培训（有培训经历 = 1）	0.2766（0.4474）	0	1	0.1117（0.3150）	0	1
外出时间	8.4451（6.1240）	1	50	12.069（6.5724）	1	43
制造业	0.2335（0.4231）	0	1	0.03279（0.1781）	0	1
建筑业	0.1063（0.3082）	0	1	0.02664（0.1610）	0	1
50 人以下企业	0.5197（0.4996）	0	1	0.9816（0.1346）	0	1
50 – 100 人企业	0.1328（0.3394）	0	1	0.0082（0.0902）	0	1
长三角地区	0.3397（0.4736）	0	1	0.3163（0.4651）	0	1
珠三角地区	0.2146（0.4105）	0	1	0.06148（0.2402）	0	1
样本数	10729			3904		

占比（59.12%），受雇就业者的年龄更小，平均比自营就业者低约 5 岁，自营就业者已婚的比例高达 91%。再看受教育年限和培训经历，受雇就业农民工和自营就业农民工的最高受教育年限都在 9 年左右，这显示，普及九年义务教育对于农村劳动力受教育水平有较大提升作用，而受雇就业农民工受教育年限略高于自营就业者，说明相对于自营活动，雇主对求职者的学历有一定要求（如要求初中毕业等）。受雇就业者有培训经历者达到 27.66%，而自营就业者仅为 11.17%，这可能与受雇就业者在从业企业接受的技能等培训要多于自营就业者有关，另外相对于自营就业者，受雇就业者在进入劳动力市场前可能进行一些非农培训（如"春潮行动"等），在进入劳动力市场后为了维系其就业竞争力也可能自费进行一些培训教育。而在外出时间上，受雇就业者外出时间要比自营就业者低约 4 年，从事自营就业活动的

农民工外出时间更长而且年龄更大，这可能与农民工自营活动的特点有关：需要一定的资金、技术或者社会关系积累，而经历几年的受雇就业后再转入自营活动可能是农民工自营就业的主要实现路径。在就业行业上，调查农民工主要在服务行业从业，受雇就业者有约34%在制造业和建筑业，而自营就业在制造业和建筑业从业的比例仅6%左右。出现这种现象的原因在于制造业和建筑业农民工工作流动性高，而RUMIC以工作地（Workplace）为主，追踪调查丢失样本量较大。而在从业企业规模方面，受雇就业者大部分在小企业工作，约占总样本的52%，而自营就业者所在企业的规模几乎全部为小企业，占总样本的98%左右。最后从调查样本的区域分布来看，最终获取的受雇就业样本中长三角地区和珠三角地区约占55%，而自营就业样本中长三角地区和珠三角地区样本约占38%，说明农民工受雇就业主要集中东部沿海地区，而自营就业以中西部地区为主。

对于工作转换是否对就业质量产生影响，首先通过一个简单的均值比较（见表4-2）来直观地观察两者之间的关系，其中均值差为转换工作者与未转换工作者各指标值的差值。

表4-2　工作转换与就业质量均值检验：总指数与分指标

		就业质量	收入	养老保险	劳动合同	周工作时间
受雇就业	总样本	37.50	1543.1	0.2397	0.5195	58.57
	未转换工作	39.00	1599.8	0.2631	0.5406	58.42
	转换工作	33.00	1368.6	0.1659	0.4531	59.01
	均值差	-6.1025***	-231.2***	-0.0972***	-0.0875***	0.5895***
自营就业	总样本	20.078***	2141.4***	0.0617***	—	76.55***
	未转换工作	20.052	2162.4	0.0615	—	76.76
	转换工作	20.307	1961.3	0.0634	—	74.69
	均值差	0.2549	-201.11**	0.0019	—	-2.075**

注：*、**、***分别代表在10%、5%和1%水平下显著。

从表 4-2 可以看出：①对于受雇就业者，转换工作对就业质量可能产生负面冲击，均值检验显示，转换工作者其就业质量总指数、月收入、养老保险参保率、固定或长期劳动合同签订率都显著低于未转换工作者，而转换工作者周工作时间也比未转换工作者更长，初步可以判断，工作转换没有提升农民工就业质量，反而起到负面影响。②对于自营职业者，转换工作者对其就业质量的影响并不清晰，从均值检验结果来看，转换工作者其就业质量指数要高于未转换工作者，但并不显著，而转换工作者的收入水平和周工作时间显著低于未转换者，说明工作转换虽然降低了自营就业者的收入水平，但同时也降低了其劳动负担，工作转换可以提升其养老保险参保率，但并没有表现出统计显著性。不过，均值检验并没有控制其他影响因素，更严格的验证需要进一步使用计量分析来完成。

三　实证结果与分析

实证分析借助经验方程（2）和经验方程（5）来完成，其中经验方程（2）主要是对就业质量指数、工资收入和工作时间进行回归分析，而经验方程（5）主要是对养老保险参保情况、固定或者长期合同签订情况进行计量分析。实证分析分两步进行：第一步，分析工作转换对就业质量总指数的影响（区分受雇就业和自营就业）；第二步，分析工作转换对就业质量分指标的影响，受雇就业者的就业质量分指标包括收入、养老保险、劳动合同、劳动时间四个，自营就业者就业质量分指标包括收入、养老保险和劳动时间三个。

对于连续变量静态面板模型的估计，一般来讲，如果 c_i 和 x_{it} 之间相关，使用固定效应模型（Fixed Effect），如果 c_i 和 x_{it} 不相关，采用随机效应模型（Random Effect），Hausman 检验可以判定采用哪种模型。不过本文分析采用的部分关键变量如受教育程度、性别、就业地区等是非时变变量，不适合采用固定效应模型进行估计，而随机效应模型则相对具有优势（Oscar Torres-Reyna，2007）。同时由于面板是短面板，只有三年的时间，使用固定效应模型估计会损失一定的自由度。所以，最终对于连续变量静态面板的估计，均采用随机效应模型。而对于二值非线性面板模型，参考方红生和张军（2009）、赵伟等（2011）在处理二元面板数据时候的做法，采用随机效应模型进行估计。

（一）工作转换与就业质量决定：总指数

对于工作转换与受雇就业者就业质量总指数的估计步骤，首先进行 OLS 估计（模型①），同时进行随机效应估计（模型②），为了进一步控制个体异质性带来的估计偏差，在模型③的估计中加入了离校时成绩变量，用来控制素质等不可观测的异质性带来的估计偏差，同时考虑到样本数据可能存在的异方差问题，在个体层面进行了聚类分析（Cluster Analysis）。而对于自营就业者的估计（模型④），参照模型③的估计进行。

表4－3分别给出了受雇就业和自营就业工作转换对就业质量总指数影响的估计结果（模型①－模型④）。从模型检验来看，模型②、模型③和模型④在1%的显著水平上都通过总体显著性检验（Wald test），而从 Breusch-Pagan LM 检验结果来看，模型②、模型③和模型④也均在1%的水平上显著，说明面板随机效应模型估计要优于截面 OLS 估计。

首先，关注重点变量（工作转换）与结果变量（就业质量）关系的估计，在控制其他因素的情况下，估计结果显示：工作转换对于受雇就业者有显著负影响，而对于自营就业者有正影响，但并不显

表4-3 工作转换与就业质量决定：总指数

	受雇就业			自营就业
	①OLS 估计	②RE 估计	③RE 估计	④RE 估计
工作转换（转换=1）	-5.1310***	-4.7433***	-4.7366***	0.1408
	(0.4146)	(0.4184)	(0.4111)	(0.6475)
年龄	-0.0466*	-0.0439	-0.0495*	0.0278
	(0.0274)	(0.0285)	(0.0287)	(0.0293)
性别（男=1）	1.4914***	1.4709***	1.5854***	0.4014
	(0.3867)	(0.4039)	(0.4082)	(0.4529)
受教育年限	1.7096***	1.7149***	1.6357***	0.7745***
	(0.0789)	(0.0832)	(0.0855)	(0.1117)
婚姻（已婚=1）	2.5207***	2.4953***	2.4954***	-1.3271
	(0.5147)	(0.5296)	(0.5370)	(0.8096)
培训（有培训经历=1）	4.0630***	3.5279***	3.5281***	2.5640***
	(0.4168)	(0.4094)	(0.4222)	(0.7871)
外出时间	0.2965***	0.3093***	0.3092***	0.0399
	(0.0369)	(0.0384)	(0.0391)	(0.0390)
制造业	5.1595***	5.0636***	5.0353***	2.6860**
	(0.5111)	(0.4872)	(0.5345)	(1.3415)
建筑业	-8.7872***	-8.3087***	-8.3065***	4.6806***
	(0.5761)	(0.6389)	(0.5887)	(1.2025)
50 人以下企业	-10.904***	-10.0468***	-10.0619***	-3.5274
	(0.4553)	(0.4384)	(0.4700)	(2.2223)
50~100 人企业	-6.1717***	-5.9246***	-5.9498***	-1.1526
	(0.6040)	(0.5613)	(0.5927)	(3.6157)
长三角地区	8.7471***	8.5121***	8.5010***	4.4128***
	(0.4130)	(0.4372)	(0.4359)	(0.5069)
珠三角地区	8.8763***	8.7978***	8.7281***	3.0341***
	(0.4864)	(0.5095)	(0.5145)	(0.9631)
年份（2009 年=1）	1.7856***	1.7496***	1.7417***	0.2641
	(0.3692)	(0.3448)	(0.3410)	(0.3919)
年份（2010 年=1）	3.2479***	2.6859***	2.7110***	0.6498
	(0.7791)	(0.6437)	(0.6897)	(0.5233)
离校成绩			1.0529***	-0.0129
			(0.2848)	(0.3342)
常数项	17.9631***	17.3103***	14.8460***	14.4036***
	(1.2311)	(1.2724)	(1.4625)	(2.7568)
R-sq	0.2705	0.2701	0.2714	0.0689

	受雇就业			自营就业
	①OLS 估计	②RE 估计	③RE 估计	④RE 估计
Wald test	—	3191.80(0.00)	3680.07(0.00)	170.35(0.00)
Breusch-Pagan test	—	406.15(0.00)	398.79(0.00)	163.89(0.00)
N	10164	10164	10164	3592

注：行业以其他行业为参照组，地区以中西部地区为参照组，企业规模以100人以上企业为参照组；＊、＊＊、＊＊＊分别代表在10%、5%和1%水平下显著。

著。受雇就业工作转换者的就业质量指数要比未进行工作转换者的就业质量指数低约4.74。关于工作转换为什么对受雇就业者起到了负面作用，而提升了自营就业者的就业质量，需要进一步对就业质量分指标进行分析。

再看，控制变量对受雇就业者就业质量的影响，发现主要控制变量对就业质量的影响符合预期，其中：就业质量随年龄的增加而显著降低，男性的就业质量要显著高于女性，已婚者的就业质量要显著高于未婚者；人力资本（受教育程度、培训、工作经验）对就业质量有显著正影响，人力资本积累越高，就业质量越高；在制造业就业农民工的就业质量要显著高于服务业，不过建筑业就业农民工就业质量则显著低于服务业；就业企业规模越大，农民工就业质量越高；长三角和珠三角地区农民工就业质量要显著高于中西部城市，而长三角农民工就业质量与珠三角差异不大；相对于2008年，2009年和2010年农民工就业质量均有显著提升；离校成绩对农民工就业质量有显著影响，离校时农民工成绩越好，其就业质量越高。

同时，控制变量对自营就业者就业质量的影响，同样发现一些估计符合预期，其中：受教育年限和培训等人力资本因素对自营就业者的就业质量有显著正影响，人力资本积累越高，自营就业农民工就业质量越高；在制造业和建筑业从事自营活动的农民工，其就业质量显著高于服务业；长三角和珠三角自营就业者的就业质量要显著高于中西部地区。

（二）工作转换与就业质量决定：分指标

将就业质量用分指标（收入、养老保险、劳动合同、工作时间）来表示，估计工作转换对各分指标的影响，估计步骤和方法与就业质量总指数估计相同，其中对于养老保险、劳动合同的估计采用面板 probit 模型，估计方法使用随机效应模型。受雇就业者的估计结果见表 4-4，从模型检验结果来看四个模型（模型①、模型②、模型③和模型④）都通过了整体显著性检验，而模型①和模型④通过了 Breusch-Pagan LM 检验，模型②和模型③通过了 Likelihood-ratio 检验，说明面板随机效应模型估计都要优于相应的截面估计方法（OLS 或者 Probit）。

表 4-4　工作转换对受雇就业者就业质量的影响：分指标比较

	①收入	②养老保险	③劳动合同	④工作时间
工作转换（转换 = 1）	-0.0893 *** (0.0081)	-0.4230 *** (0.0562)	-0.2824 *** (0.0376)	0.8267 *** (0.3146)
年龄	-0.0071 *** (0.0006)	0.0079 ** (0.0036)	-0.0066 *** (0.0024)	-0.0023 (0.0220)
性别（男 = 1）	0.1527 *** (0.0081)	0.0911 * (0.0496)	0.1942 *** (0.0348)	1.4908 *** (0.2963)
受教育年限	0.0327 *** (0.0018)	0.1673 *** (0.0120)	0.0803 *** (0.0075)	-1.0940 *** (0.0606)
婚姻（已婚 = 1）	0.0840 *** (0.0108)	0.2408 *** (0.0653)	0.0883 * (0.0463)	0.2262 (0.3832)
培训（有培训经历 = 1）	0.0617 *** (0.0082)	0.3372 *** (0.0498)	0.2650 *** (0.0368)	-0.5140 * (0.3015)
外出时间	0.0127 *** (0.0008)	0.0323 *** (0.0048)	0.0144 *** (0.0033)	-0.0131 (0.0289)

续表

	①收入	②养老保险	③劳动合同	④工作时间
制造业	0.0140 (0.0096)	0.4818 *** (0.0573)	0.2688 *** (0.0441)	− 1.3834 *** (0.3552)
建筑业	0.2086 *** (0.0135)	− 1.0955 *** (0.1031)	− 0.5777 *** (0.0580)	2.0599 *** (0.4417)
50 人以下企业	− 0.0386 *** (0.0087)	− 1.0560 *** (0.0603)	− 0.6339 *** (0.0412)	4.8164 *** (0.3213)
50 ~ 100 人企业	− 0.0332 *** (0.0108)	− 0.4940 *** (0.0676)	− 0.4175 *** (0.0515)	0.4380 (0.3892)
长三角地区	0.2959 *** (0.0090)	0.7448 *** (0.0611)	0.4888 *** (0.0387)	− 3.7068 *** (0.3287)
珠三角地区	0.3034 *** (0.0102)	0.7779 *** (0.0676)	0.5046 *** (0.0459)	− 3.5227 *** (0.3601)
年份(2009 年 = 1)	0.1485 *** (0.0065)	0.0472 (0.0434)	0.1621 *** (0.0317)	− 0.5608 ** (0.2560)
年份(2010 年 = 1)	0.2375 *** (0.0114)	0.2950 *** (0.0783)	0.1298 ** (0.0617)	− 0.2378 (0.4873)
离校成绩	0.0237 *** (0.0060)			
常数项	6.5680 *** (0.0297)	− 3.4376 *** (0.2026)	− 0.7555 *** (0.1114)	67.8164 *** (0.9551)
R − sq(pseudo − R2)	0.3176	0.1734	0.0986	0.1124
Breusch-Pagan test	620.84(0.000)	—	—	315.75(0.00)
Wald test	4453.84	669.69(0.00)	793.93(0.00)	1294.14(0.00)
Log likelihood	—	− 4612.0408	− 6566.3296	—
Likelihood-ratio test	—	250.98(0.00)	90.89(0.00)	—
N	10729	10729	10729	10598

注：行业以其他行业为参照组，地区以中西部地区为参照组，企业规模以 100 人以上企业为参照组； * 、 ** 、 *** 分别代表在 10% 、5% 和 1% 水平下显著。

从估计结果来看，工作转换对受雇就业者的收入、养老保险、劳动合同均有显著负影响，工作转换会减少就业者的收入，降低养老保险参保率和固定或长期劳动合同的签订率，而工作转换也会显著加重就业者的劳动负担，增加其工作时间。

　　工作转换对收入产生负面影响，工作转换者比未转换者工资低约8.54%，这与 Pérez 和 Sanz（2005）、Stevens（1997）的结论一致，不过工资损失比例略低于两者的估计（两者估计的工资损失均超过10%）。这可以从几个方面进行解释：一是，农民工大部分为普通劳动力，从业岗位对技能要求较低，自身劳动生产率也不高，加上转换工作的壁垒不高，使得农民工更倾向于通过工作转换来改善就业待遇，高的工作流动性不利于技能等人力资本积累，从而产生了负效应；二是，工作转换使农民工实现了新的工作匹配，但在转换初期，其劳动生产率是未知的，其工资是企业该岗位劳动生产率的平均体现，而不是个人真实的劳动生产率反映，所以相对于未转换者，出现了一定的工资损失；三是，专门培训等人力资本投资具有不可转移性，工作转换可能使农民工损失一定的专用人力资本投资从而对工资产生负面影响；四是，工作转换可能使得农民工同时损失一些社会资本，如朋友圈或者同事关系，融入新企业或者当地生活需要一个调整期，这会影响农民工的劳动生产率进而影响其工资收入。

　　工作转换对养老保险和劳动合同同样会产生显著负影响，转换工作者养老保险参保率比未转换者低约7.57%（模型②求边际效应得到），而其固定或长期劳动合同签订率也要比未转换者低约9.48%（模型③求边际效应得到），这说明工作转换会降低受雇者的工作保障力度，这可以从以下两个方面来理解：一是，养老保险转续机制尚不成熟，农民工工作转换后难以续接和转移养老金，使得养老保险参保率出现一定程度的降低；二是，工作转换后受雇就业者要重新签订劳动合同，其前期工龄在新企业不再计算，首份合同大多以短期劳动合同为主，相对于未转换者来说，其固定或者长期劳动合同签订率也会降低。不过，工作转换会增加一定的劳动时间，转换者比未转换者周工作时间高出约0.83个小时。因为目前受雇就业者的周平均工作时间已达到58.57个小时，超过法定周工作时间约50%，受雇就业者劳动供给基本到了上限，再通过延长劳动时间来增加产出的可能性不大。

下面再看工作转换对自营就业者就业质量影响的分指标比较，具体估计结果见表4-5，三个模型都通过了整体显著性检验，而模型①和模型③通过了Breusch-Pagan LM检验，模型②通过了Likelihood-ratio检验，估计方法可行。

表4-5 工作转换对自营就业者就业质量的影响：分指标比较

	①收入	②养老保险	③工作时间
工作转换（1=转换）	−0.1012*** （0.0311）	0.1677 （0.1890）	−1.3629* （0.8354）
年龄	−0.0105*** （0.0015）	0.0233** （0.0091）	−0.0689* （0.0386）
性别（男=1）	0.1193*** （0.0220）	−0.3081** （0.1330）	−0.7360 （0.5502）
受教育年限	0.0234*** （0.0050）	0.1210*** （0.0299）	−0.5730*** （0.1160）
婚姻（已婚=1）	0.0607 （0.0433）	0.3282 （0.2643）	3.6754*** （1.0171）
培训（有培训经历=1）	0.1452*** （0.0312）	0.5746*** （0.1708）	0.3346 （0.9070）
外出时间	0.0059*** （0.0018）	0.0134 （0.0104）	0.1326*** （0.0467）
制造业	0.0374 （0.0524）	0.0730 （0.2994）	−6.1310*** （1.5827）
建筑业	0.1788*** （0.0577）	−0.1979 （0.3925）	−8.5571*** （1.6186）
50人以下企业	−0.0207 （0.1021）	−0.1579 （0.5229）	5.3602* （3.0247）
50~100人企业	−0.0033 （0.1638）	−0.6699 （0.9375）	1.5714 （4.0697）
长三角地区	0.3185*** （0.0227）	0.8131*** （0.1483）	−0.6213 （0.5880）

续表

	①收入	②养老保险	③工作时间
珠三角地区	0.2913 *** (0.0436)	0.0790 (0.2679)	-0.7832 (1.0519)
年份(2009 年 = 1)	0.0134 (0.0190)	0.3165 *** (0.1166)	1.3800 *** (0.5240)
年份(2010 年 = 1)	0.1538 *** (0.0258)	-0.0459 (0.1684)	0.2606 (0.6781)
离校成绩	0.0267 * (0.0160)		
常数项	7.2302 *** (0.1318)	-5.2992 *** (0.8386)	73.9828 *** (3.4302)
R-sq	0.1213	0.0565	0.0421
Breusch-Pagan test	177.36(0.00)	—	64.05(0.00)
Wald test	463.16(0.00)	54.22(0.00)	120.80(0.00)
Log likelihood	—	-806.93(0.00)	—
Likelihood-ratio test	—	87.06(0.00)	—
N	3814	3904	3664

注：行业以其他行业为参照组，地区以中西部地区为参照组，企业规模以 100 人以上企业为参照组；*、**、***分别代表在 10%、5% 和 1% 水平下显著。

估计结果显示，工作转换提升了自营就业者的养老保险参保率，而对收入和工作时间是负面影响，但对养老保险的影响并不显著。

具体而言，工作转换对自营就业者的收入的影响显著为负，转换工作者其收入要比未转换者低约 9.63%。而工作转换对自营就业者劳动时间有显著负影响，工作转换降低了自营就业者的工作时间，转换工作者的周工作时间要比未转换者低约 1.36 个小时。可能是自营就业者工作转换后降低了劳动供给，相应收入水平也下降了，可能有两个原因：第一，新创业企业或者自雇经营活动在初期业务活动较少，自营者投入的劳动时间不多，其工作时间可能要低于未转换者；二是，自营者转换工作时，可能已经有一定的收入积累，当收入达到一定水平后，闲暇需求增加，这会降低他们的劳动供给，另外自营就业者进行工作转换也有可能就是为了得到更多的闲暇时间，这在后面章节区分工作转换原因后会进一步进行分析。

转换工作者参加养老保险的概率比未转换者高，但影响并不显著。这与自营就业者本身养老保险参保率就较低有关，总样本中自营就业者的参保率仅有6%，而且现有养老保险制度在转续、保障力度等方面也可能远低于自营就业者的预期，其参保积极性并不高，即使出现工作转换，仍维持较低的参保率，与未转换者差异并不大。

四　工作转换对就业质量的影响：跨期效应

以上分析强调了工作转换对当期就业质量的影响，仅仅关注转换工作的短期效应，而工作转换对就业质量的影响，可能存在跨期效应，也就是说在 t 期以前出现的工作转换，如 t-1、t-2、t-3 等期的工作转换也可能对当期就业质量产生影响，如果不考虑这些长期效应，可能会低估工作转换的收入增长等效应。为此，模型中加入了工作转换的前置变量，来考察工作转换是否存在跨期效应，考虑到工

表 4-6　工作转换类型及其分布特征

	受雇就业		自营就业	
	均值	标准差	均值	标准差
调查期当年转换(t)	0.2405	0.4274	0.1050	0.3066
调查期前一年转换(t-1)	0.0806	0.2723	0.0569	0.2316
调查期前两年转换(t-2)	0.0637	0.2442	0.0533	0.2246
调查期前三年转换(t-3)	0.0437	0.2045	0.0494	0.2168
调查期前四年转换(t-4)	0.0396	0.1951	0.0464	0.2103
调查期前五年转换(t-5)	0.0303	0.1714	0.0351	0.1840
样本数	10729		3904	

作转换大多是在近期发生，滞后期越远，发生工作转换的概率越低（见表4-6），我们最终选择滞后五年内的工作转换进入回归方程分析。对就业质量的估计步骤和方法等与对当期工作转换的估计相同。

（一）工作转换对就业质量的跨期影响：总指数

表4-7给出了工作转换对就业质量指数的跨期影响估计，两个模型都通过了整体显著性检验和 Breusch-Pagan LM 检验。从估计结果来看，在加入工作转换的滞后项后，当期工作转换对受雇者就业质量仍然是显著负影响，而滞后一期、两期的工作转换对就业质量的负面影响小于当期工作转换，而滞后三期以上的工作转换对就业质量均产生正效应，说明工作转换对受雇者就业质量的影响存在跨期效应。而对于自营就业者而言，当期工作转换对自营就业质量的影响转为负，但工作转换的跨期效应并不明显，滞后1~4期的工作转换对就业质量的影响同样为负，且大于当期工作转换的影响，但滞后5期的工作转换则会对就业质量产生正效应。这说明，工作转换对受雇者就业质量的影响存在跨期效应，而对自营者就业质量的影响跨期效应不明显。

表4-7　工作转换对就业质量的影响：跨期效应（总指数）

	受雇就业	自营就业
调查期当年转换(t)	-4.7069 *** (0.4441)	-0.2128(0.6861)
调查期前一年转换(t-1)	-0.2002(0.6697)	-0.7093(0.8430)
调查期前两年转换(t-2)	-0.6410(0.6889)	-0.7016(0.8050)
调查期前三年转换(t-3)	0.8151(0.8955)	-1.9838 ** (0.8871)
调查期前四年转换(t-4)	1.0146(0.9324)	-1.4189(0.9405)
调查期前五年转换(t-5)	0.6621(1.0902)	0.7786(0.9880)
年龄	-0.0479 * (0.0288)	0.0187(0.0302)

续表

	受雇就业	自营就业
性别(男=1)	1.5736 *** (0.4085)	0.3996(0.4535)
受教育年限	1.6370 *** (0.0855)	0.7841 *** (0.1118)
婚姻(已婚=1)	2.4661 *** (0.5371)	-1.2727(0.8115)
培训(有培训经历=1)	3.5130 *** (0.4226)	2.5906 *** (0.7869)
外出时间	0.3038 *** (0.0395)	0.0458(0.0392)
制造业	5.0235 *** (0.5348)	2.5979 * (1.3371)
建筑业	-8.3085 *** (0.5899)	4.5941 *** (1.2006)
50 人以下企业	-10.0776 *** (0.4702)	-3.4651(2.2308)
50~100 人企业	-5.9679 *** (0.5927)	-1.0857(3.5922)
长三角地区	8.4923 *** (0.4359)	4.3520 *** (0.5081)
珠三角地区	8.7205 *** (0.5151)	3.1277 *** (0.9650)
年份(2009 年=1)	1.7159 *** (0.3414)	0.2605(0.3918)
年份(2010 年=1)	2.6408 *** (0.6912)	0.5910(0.5220)
离校成绩	1.0462 *** (0.2850)	-0.0105(0.3353)
常数项	14.8669 *** (1.4784)	14.7377 *** (2.7845)
R-sq(pseudo-R2)	0.2716	0.0698
Breusch-Pagan test	397.94(0.00)	179.10(0.00)
Wald test	3687.20(0.00)	166.06(0.00)
N	10164	3592

注：行业以其他行业为参照组，地区以中西部地区为参照组，企业规模以100人以上企业为参照组；*、**、*** 分别代表在10%、5%和1%水平下显著。

（二）工作转换对就业质量的跨期影响：分指标比较

进一步分析工作转换对就业质量分指标的跨期影响，估计结果见表4-8和表4-9。对于受雇就业者研究发现，在加入工作转换滞后项后，工作转换（当期）对收入、养老保险、劳动合同的影响仍显著为负，而且滞后期的负影响效应均小于当期，部分甚至转为正效应，说明工作转换对受雇就业者收入、养老保险和劳动合同的影响存在跨期效应。同时，对工作时间的影响也存在跨期效应，滞后期工作转换对工作时间的影响均小于当期，部分出现了负效应。

表4－8　工作转换对受雇就业者就业质量的跨期影响：分指标比较

	收入	养老保险	劳动合同	工作时间
调查期当年转换（t）	－ 0.0996 *** （0.0091）	－ 0.4515 *** （0.0604）	－ 0.2404 *** （0.0400）	0.7504 ** （0.3397）
调查期前一年转换（t－1）	－ 0.0395 *** （0.0125）	－ 0.1440 * （0.0827）	0.1594 *** （0.0598）	－ 0.2979 （0.4789）
调查期前两年转换（t－2）	－ 0.0261 * （0.0135）	－ 0.1762 * （0.0909）	0.0778 （0.0660）	0.1675 （0.5385）
调查期前三年转换（t－3）	－ 0.0062 （0.0159）	0.0906 （0.1033）	0.0958 （0.0787）	－ 0.0785 （0.6269）
调查期前四年转换（t－4）	－ 0.0235 （0.0156）	0.1634 （0.1077）	0.0685 （0.0819）	－ 0.9192 （0.6779）
调查期前五年转换（t－5）	0.0014 （0.0197）	－ 0.1595 （0.1262）	0.1707 * （0.0930）	－ 0.0654 （0.7873）
年龄	－ 0.0072 *** （0.0006）	0.0077 ** （0.0036）	－ 0.0060 ** （0.0024）	－ 0.0038 （0.0220）
性别（男＝1）	0.1525 *** （0.0081）	0.0917 * （0.0497）	0.1942 *** （0.0348）	1.4951 *** （0.2964）
受教育年限	0.0327 *** （0.0018）	0.1679 *** （0.0121）	0.0807 *** （0.0075）	－ 1.0946 *** （0.0606）
婚姻（已婚＝1）	0.0835 *** （0.0108）	0.2378 *** （0.0656）	0.0888 * （0.0464）	0.2372 （0.3836）
培训（有培训经历＝1）	0.0631 *** （0.0082）	0.3400 *** （0.0501）	0.2591 *** （0.0369）	－ 0.4953 （0.3023）
外出时间	0.0129 *** （0.0008）	0.0324 *** （0.0049）	0.0131 *** （0.0033）	－ 0.0098 （0.0292）
制造业	0.0129 （0.0096）	0.4788 *** （0.0575）	0.2732 *** （0.0442）	－ 1.3838 *** （0.3561）
建筑业	0.2063 *** （0.0135）	－ 1.1062 *** （0.1036）	－ 0.5666 *** （0.0581）	2.0504 *** （0.4435）
50 人以下企业	－ 0.0388 *** （0.0087）	－ 1.0609 *** （0.0606）	－ 0.6334 *** （0.0412）	4.8244 *** （0.3218）
50～100 人企业	－ 0.0337 *** （0.0108）	－ 0.4971 *** （0.0678）	－ 0.4176 *** （0.0515）	0.4359 （0.3896）
长三角地区	0.2948 *** （0.0090）	0.7440 *** （0.0613）	0.4928 *** （0.0388）	－ 3.7076 *** （0.3290）

续表

	收入	养老保险	劳动合同	工作时间
珠三角地区	0.3037 *** (0.0102)	0.7802 *** (0.0678)	0.5039 *** (0.0459)	- 3.5102 *** (0.3602)
年份(2009 年 = 1)	0.1492 *** (0.0065)	0.0484 (0.0437)	0.1551 *** (0.0318)	- 0.5501 ** (0.2563)
年份(2010 年 = 1)	0.2365 *** (0.0115)	0.2895 *** (0.0787)	0.1236 ** (0.0619)	- 0.2282 (0.4903)
离校成绩	0.0235 *** (0.0060)			
常数项	6.5801 *** (0.0302)	- 3.4141 *** (0.2040)	- 0.8032 *** (0.1129)	67.8865 *** (0.9654)
R - sq(pseudo - R2)	0.3186	0.1745	0.0993	0.1126
Breusch-Pagan test	614.61(0.00)	—	—	315.83(0.00)
Wald test	4488.31(0.00)	667.54(0.00)	794.67(0.00)	1294.86(0.00)
Log likelihood	—	- 4605.7644	- 6561.0394	—
Likelihood-ratio test	—	252.73(0.00)	90.74(0.00)	—
N	10268	10729	10729	10598

注：行业以其他行业为参照组，地区以中西部地区为参照组，企业规模以100人以上企业为参照组；＊、＊＊、＊＊＊分别代表在10%、5%和1%水平下显著。

对于自营就业者研究发现，在加入工作转换滞后项后，工作转换（当期）对收入和工作时间的影响仍显著为负，对于收入而言，滞后期工作转换对收入的负面影响均小于当期，且滞后5期的工作转换对收入的影响效应转为正，说明工作转换对自营者收入的影响具有跨期效应，而对工作时间和养老保险参保率的跨期影响不明显。

表 4 - 9 工作转换对自营就业者就业质量的影响：跨期效应

	收入	养老保险	工作时间
调查期当年转换(t)	- 0.1138 *** (0.0328)	0.1301 (0.2023)	- 1.1176 * (0.8637)
调查期前一年转换(t - 1)	- 0.0778 * (0.0405)	0.0405 (0.2558)	0.4302 (1.1323)

续表

	收入	养老保险	工作时间
调查期前两年转换（t－2）	－0.0064 （0.0428）	－0.0724 （0.2850）	0.2642 （1.1305）
调查期前三年转换（t－3）	－0.0430 （0.0425）	－0.1159 （0.2759）	2.4461 ** （1.1696）
调查期前四年转换（t－4）	－0.0167 （0.0501）	－0.8959 ** （0.3838）	0.8623 （1.1449）
调查期前五年转换（t－5）	0.0368 （0.0520）	－0.0157 （0.3292）	－1.1385 （1.3088）
年龄	－0.0108 *** （0.0015）	0.0235 ** （0.0096）	－0.0632 （0.0392）
性别（男＝1）	0.1185 *** （0.0221）	－0.3208 ** （0.1386）	－0.7267 （0.5500）
受教育年限	0.0239 *** （0.0050）	0.1270 *** （0.0315）	－0.5838 *** （0.1159）
婚姻（已婚＝1）	0.0634 （0.0432）	0.3219 （0.2723）	3.6256 *** （1.0155）
培训（有培训经历＝1）	0.1465 *** （0.0312）	0.5950 *** （0.1772）	0.3017 （0.9073）
外出时间	0.0059 *** （0.0018）	0.0154 （0.0109）	0.1292 *** （0.0471）
制造业	0.0335 （0.0524）	0.0961 （0.3083）	－6.0383 *** （1.5723）
建筑业	0.1747 *** （0.0577）	－0.1895 （0.4080）	－8.5193 *** （1.6177）
50 人以下企业	－0.0172 （0.1013）	－0.1392 （0.5395）	5.2749 * （3.0253）
50～100 人企业	0.0002 （0.1634）	－0.6009 （0.9691）	1.5088 （4.0352）
长三角地区	0.3168 *** （0.0228）	0.8332 *** （0.1566）	－0.5681 （0.5887）
珠三角地区	0.2933 *** （0.0438）	0.1150 （0.2764）	－0.8674 （1.0519）
年份（2009 年＝1）	0.0125 （0.0190）	0.3343 *** （0.1207）	1.3967 *** （0.5243）

续表

	收入	养老保险	工作时间
年份(2010 年 = 1)	0. 1503 *** (0. 0259)	− 0. 0341 (0. 1729)	0. 3167 (0. 6780)
离校成绩	0. 0264 * (0. 0160)		
常数项	7. 2432 *** (0. 1322)	− 5. 4610 *** (0. 8955)	73. 8213 *** (3. 4477)
R-sq(pseudo − R2)	0. 1218	0. 0609	0. 0439
Breusch-Pagan test	178. 70(0. 00)	—	63. 60(0. 00)
Wald test	463. 53(0. 00)	51. 92(0. 00)	126. 08(0. 00)
Log likelihood	—	− 803. 17	—
Likelihood-ratio test	—	88. 43(0. 00)	—
N	3814	3904	3664

注: 行业以其他行业为参照组, 地区以中西部地区为参照组, 企业规模以 100 人以上企业为参照组; * 、** 、*** 分别代表在 10% 、5% 和 1% 水平下显著。

五 工作转换对就业质量的影响: 稳健性检验

从上面的估计可以看到, 工作转换对就业质量有一定的跨期影响, 而在实证分析中不能忽视这种跨期影响的存在。本文将滞后 2 期以内的工作转换与调查期当年的工作转换合并为一项处理跨期效应, 即将 "近三年内是否转换过工作" 作为关注的核心变量, 这样做的依据为: 一是, 农民工单份工作的持续期不长, 如《农民工 "短工化" 就业趋势研究报告》显示①, 农民工就业呈现 "短工化" 趋势, 从 2008 年开始上份工作的农民工, 工作时间只持续了 2.2 年, 而工作转换大多在近三年内完成; 二是, 工作史的追忆数据, 三年内对于

---

① 转引自陈晓《农民工 "短工化" 愈演愈烈》,《民生周刊》2012 年第 8 期。

工作经历的记忆是比较准确的，如比较有代表性的追踪调查数据库——中国家庭收入调查（CHIP）就将工作转换的考察项目设计为"您在最近3年中是否换过工作单位"。因此，采用"三年内是否变换过工作"重新定义工作转换（简称定义2），估计工作转换对农民工就业质量的影响，检验当期工作转换对就业质量水平估计结果的稳健性。估计方法和步骤与当期工作转换（简称定义1）相同，具体估计结果如表4-10所示（为了分析的简洁性，仅仅给出定义2所关注变量的估计系数和显著性，并与定义1的估计结果进行比较）。

表4-10 工作转换对农民工就业质量的影响：稳健性检验

		就业质量指数	收入	养老保险	劳动合同	工作时间
三年内转换工作（定义2）	受雇就业	-3.2522*** (0.3783)	-0.0716*** (0.0075)	-0.3435*** (0.0487)	-0.1246*** (0.0333)	0.5077* (0.2827)
	自营就业	-0.1823 (0.5209)	-0.0731*** (0.0246)	0.1138 (0.1515)	—	-0.6002** (0.6583)
调查期转换工作（定义1）	受雇就业	-4.7366*** (0.4111)	-0.0893*** (0.0081)	-0.4230*** (0.0562)	-0.2824*** (0.0376)	0.8267*** (0.3146)
	自营就业	0.1408 (0.6475)	-0.1012*** (0.0311)	0.1677 (0.1890)	—	-1.3629* (0.8354)

注：*、**、***分别代表在10%、5%和1%水平下显著。

从表4-10可以看出，两种定义估计系数的符号和显著性基本一致，估计结果具有较强的稳健性。从定义2的估计系数来看，就业质量指数、收入、养老保险、劳动合同的系数相对于定义1的估计在不同程度上都有所减小，这一结果也进一步证实，工作转换对农民工就业质量有一定的跨期影响。随着时间的推进，当期工作转换带来的负面冲击部分会被部分补偿，这符合专用人力资本投资理论假设，可能与转换工作后进行的新的专用人力资本投资有关。而对于自营就业而言，两次估计的结果也具有较强的稳健性，定义1和定义2关于工作转换对收入和工作时间的影响效应均显著为负，且估计系数在不同程度上有所减小，也进一步证实工作转换对自营就业者就业质量的影响存在跨期效应，当期工作转换带来的影响会被后期部分补偿。

六　本章小结

通过区分受雇就业与自营就业，考察工作转换对农民工就业质量水平的影响，对就业质量的衡量同时采用客观指标总指数及分指标（月收入、养老保险、劳动合同和工作时间）。从就业质量总指数来看，工作转换显著降低了受雇就业者的就业质量，而对自营就业者的就业质量的影响并不显著。而将就业质量通过分指标表示时，发现工作转换降低了受雇就业者的收入、养老保险的参保率和劳动合同的签订率，增加了劳动时间。而对自营就业者而言，工作转换对工作时间和收入有显著负影响，但对养老保险参保率的影响不显著。

除当期工作转换对就业质量存在影响外，工作转换还可能存在跨期效应。加入工作转换的滞后项后发现，当期工作转换对受雇者就业质量仍然有显著负影响，而滞后 1 期、2 期的工作转换对就业质量的负面影响小于当期工作转换，而且滞后 3 期以上的工作转换对就业质量均产生正效应，说明工作转换对于受雇者就业质量的影响存在跨期效应。而对于自营就业者而言，当期工作转换对自营就业质量的影响转为负，但工作转换的跨期效应并不明显，滞后 1 ~ 4 期的工作转换对就业质量的影响同样为负，且大于当期工作转换的影响，但滞后 5 期的工作转换则对就业质量产生正效应。这表明，工作转换对受雇者就业质量的影响存在跨期效应，而对自营者就业质量跨期效应不明显。从就业质量分指标来看，对于受雇就业者，在加入工作转换滞后项后，工作转换（当期）对收入、养老保险、劳动合同的影响仍显著为负，而且滞后期的负影响效应均小于当期，部分甚至转为正效应，说明工作转换对受雇就业者收入、养老保险和劳动合同的影响存在跨期效应。同时，对工作时间的影响也存在跨期效应，滞后期工作转换对工作时间的影响均小于当期，部分出现了负效应。对于自营就业者研究发现，在加入工作转换滞后项后，工作转换（当期）对收入和工作时间的影响仍显著为负，对收入而言，滞后期工作转换对收入的影响均小于当期，且部分滞后期的影响效应转为正，表明工作转换对自营者收入具有跨期效应，而对工作时间和养老保险参保率的跨期效应不明显。

进一步地，考虑工作转换的跨期效应，采用"三年内是否变换过工作"重新定义工作转换，来估计工作转换对农民工就业质量的影响，检验当期工作转换对就业质量影响的稳健性。我们发现，两种定义对受雇者与自营者就业质量影响的符号和显著性基本一致，估计结果具有较强的稳健性。

第五章 初始就业状态、工作转换与就业质量变动

一 引言

工作转换在人的一生工资增长中起着重要决定作用，工作转换可以解释职业生涯早期工资增长的 1/3（Topel & Ward，1992）。不过，前面的研究仅仅关注了是否转换工作对农民工就业质量的影响，因为计量方程的主要关注变量为虚拟变量"是否进行工作转换"，比较了进行工作转换者与没有进行工作转换者的就业质量差异，最终得到的估计结果，只能解读为"相对于没有进行工作转换者，工作转换者的就业质量是否增加，工资是否增长，工作时间是否改变，养老保险参保率是否提高，是否有更高的固定或者长期劳动合同签订率"，而最终计量结果也显示，对于受雇就业者来讲，其收入、养老保险参保率、固定或者长期劳动合同的签订率都要低于未转换者。不过，换工作对转换者自身就业质量变动的影响，如对收入增长、工作时间变动、养老保险参保率与劳动合同等的影响，及其与未转换者的差异，实证方程并没有给出结论。这需要我们进一步利用差分方程，估计工

作转换对农民工就业质量变动的影响。

而目前国外文献关于工作转换与就业质量变动的影响主要集中在工作转换与工资增长的关系上。如 Light（2005）的研究指出，与停留者相比，转换工作者与任期相关的生产率提高和工资增加因工作跳槽而中断，所以会经历较小幅度的工资增长。不过，Maloney（2006）利用新西兰雇主雇员匹配数据（1999～2004 年）研究工作转换与工资增长关系时发现：在控制年龄、首次就业特征后，工作转换者的收入增长要比未转换者低 0.3～0.5 个百分点。同样，Hyslop 和 Maré（2009）采用新西兰雇员－雇主匹配调查数据（1999～2008 年）来分析工人工作变换与工资变化之间的关系，发现：虽然工作变换者最初收入与停留者一样，但控制可观察差异后，发现工作变换者年收入增长比停留者低 1.3%。

不过，这些研究假定工作转换对工资增长的影响与工人工资分布是不相关的。但由于劳动者进行工作转换的抉择取决于其工资水平（Burdett，1978；Devine & Kiefer，1991），而低工资工人工作转换的可能性更高（Groes 等，2014），相比高收入工人，低收入的工人在职业生涯中更可能通过工作转换来提升其收入。因此，与高收入工人相比，低工资的工人选择保留的工资相对会高于当前工资（Van Den Berg，1992）。这样，低收入工人相对降低了工作变动的成本，以在短时期内获得个体偏好的职业生涯的收入水平。因此，劳动者会接受提供工资相对接近于保留工资的工作，所以相对高收入工人，低收入工人通过工作变换获得的工资增长更高。而 Pavlopoulos 等（2007）首次利用来自英国和德国两个不同劳动力市场的面板数据（1991～2004 年），考察自愿性工作转换（Voluntary Job-to-Job Changes）对工资增长的影响，在控制初始工资分布后，研究发现，工作转换对工资变动的影响依赖于工资分布，变换雇主产生的工资增长效应仅仅针对低收入工人。

对农民工工作转换对就业质量变动的影响，同样要考虑一个问题，就是农民工工作转换前的就业状态，不过现有研究大部分采用追忆数据（截面数据），无法获取农民工上一份工作的详细信息，所以研究大多停留在是否进行工作转换或者工作转换次数对农民工工资增长的影响。仅有邢春冰（2008）和黄乾（2010）考虑了初始收入水平对农民工工资增长的影响。邢春冰（2008）使用中国社会科学院2002年中国家庭收入调查（CHIP）数据，探讨了换工作对收入增长的影响，通过控制初始收入水平解决样本的异质性影响后，发现，换工作对收入增长的平均影响为正，而且对低收入者的收入增长效应更大。而黄乾（2010）利用2006年在上海、天津等7个大城市的农民工调查数据，分析了工作转换对城市农民工收入增长的影响，在控制转换工作前收入的条件下，研究发现：行业内转换对低收入农民工收入增长有显著的正向影响，不过，对高收入水平农民工的收入增长则有显著负效应。而行业间工作转换对全部样本的收入增长都是显著的负效应。不过，这两项研究也存在一些不足，黄乾（2010）把工作转换定义"刚进城时的工作与调查时点工作是否为同一工作"，可能会高估工作转换的效应，因为，如果初始就业工作与调查时工作工资差距较大，可能是由于最低工资等劳动保护政策的原因，而不是换工作带来的。而邢春冰（2008）的研究使用的截面数据并没有区分受雇就业和自营就业，可能会导致最终估计出现偏差，同时，邢春冰的研究对象是城镇劳动力，并没有针对农民工进行具体分析。

基于此，本章将在区分受雇就业和自营就业的基础上，控制农民工转换工作前的就业状态（前期就业质量指数、收入水平、工作时间、养老保险参保情况与劳动合同签订情况），利用差分回归的方法，进一步讨论工作转换对农民工就业质量变动的影响。

二 模型与数据说明

（一）估计模型

参考 Pavlopoulos 等（2007）和 Hyslop 和 Maré（2009）的思路，构建工作转换与就业质量变动经验方程。而由于就业质量指数、收入、工作时间等因变量为连续变量，可采用含有个体异质性的线性模型来估计：

$$y_{it} = y_{it_{t-1}} = pturnover_{it} + y_{it_{t-1}} + y_{it_{t-1}} \times turnover_{it} + w_{it}\gamma + z_i\delta + g_t\theta + c_i + u_{it}, t = 1, \cdots, T$$

（1）

其中，y_{it} 为个体 i 在 t 期的结果变量，y_{it-1} 为个体 i 在 $t-1$ 期的结果变量，如就业质量指数、月工资收入或周工作时间。不可观测到的个体异质性，使用 c_i 来表示，u_{it} 为时变误差项（Idiosyncratic Errors）。而 x_{it} 为 $1 \times k$ 维变量，包括时变变量（随时间变化而变化）和非时变变量（不随时间变化而变化）。$turnover_{it}$ 为研究主要关注解释变量：工作转换，$turnover_{it}$ 为二值虚拟变量，其中工作变换为 1，没有发生工作转换为 0，w_{it} 为时变变量（年龄、外出时间等），g_t 为时间虚拟变量，z_i 为非时变变量（性别、受教育程度等）。

同时，本章还估计了工作转换对农民工养老保险和劳动合同变动的影响，对于养老保险和劳动合同的变动，大致有三个选项：情况变好（由 0 变化到 1，没有参加养老保险到参加养老保险，没有签订固定或长期劳动合同变化到签订长期或者固定劳动合同）、情况不变（养老保险或者劳动合同状态未发生改变）、情况变差（由 1 变换到 0，前期有参加养老保险或签订固定与长期劳动合同，现期没有参加养老保险或者未签订固定或长期劳动合同），分别给这三种情况赋值为 3、2、1，构成了一个序列选择模型，在回归中需要使用 Order Logit 模型来实现：

$$y_{it}^* = \sum_{k=1}^{K} pturnover_i + y_{it_{t-1}} + y_i + y_{it_{t-1}} \times turnover_{it} + w_{it}\gamma + z_i\delta + g_t\theta + c_i + u_{it} \quad (2)$$

其中 y_{it}^* 不可观测，其选择规则为：

$$y_i = \begin{cases} 1, if & y_i^* \leq \kappa_1 \\ 2, if & \kappa_1 < y_i^* \leq \kappa_2 \\ 3, if & y_i^* > \kappa_2 \end{cases} \quad (3)$$

其中 y_i 为个体 i 养老保险或者劳动合同变动情况，其他变量的定义同公式（1）。

（二）数据来源与说明

本章数据来源于中国城乡劳动力流动调查（Rural Urban Migration in China）2008～2010 年数据。由于面板为非平衡面板，为了保证差分后的回归效果，仅保留了三年都能追到的样本，最终删除主要解释变量有缺失值的样本，共获得单年追踪样本 1248 个。分就业状态来讲，其中三年中受雇就业样本为 2173 个，自营就业样本为 1571 个（受雇就业和自营就业在三年中出现了相互转换）。

表 5－1 给出了主要解释变量的描述性统计。从中可以看出样本概况，三年追踪样本的特征与总样本大体一致。受雇就业者仍以年轻已婚男性为主，就业者受教育年限达到 9.5 年，略高于义务教育年限，外出就业时间平均值达到 10 年，说明能够在三年内观测到的样本受教育程度较高且在外工作时间较长，而从就业分布来看，受雇就业者就业重点领域仍为服务业，半数以上农民工在中小规模企业就

表 5-1 主要解释变量描述性统计

变量	受雇就业			自营就业		
	均值（标准差）	最小值	最大值	均值（标准差）	最小值	最大值
年龄	32.082(9.3586)	16	62	36.517(8.0358)	16	61
性别（男=1）	0.6323(0.4823)	0	1	0.6047(0.4891)	0	1
受教育年限	9.4524(2.4253)	1	16	8.1871(2.3193)	1	16
婚姻（已婚=1）	0.6963(0.4600)	0	1	0.9433(0.2312)	0	1
培训（有培训经历=1）	0.3267(0.4691)	0	1	0.1069(0.3091)	0	1
外出时间	10.094(6.0684)	1	33	12.733(6.4451)	1	42
制造业	0.1905(0.3928)	0	1	0.0312(0.1739)	0	1
建筑业	0.0713(0.2574)	0	1	0.0172(0.1300)	0	1
50 人以下企业	0.5532(0.4973)	0	1	0.9822(0.1324)	0	1
50~100 人企业	0.1220(0.3273)	0	1	0.0108(0.1035)	0	1
长三角地区	0.2237(0.4168)	0	1	0.2463(0.4310)	0	1
珠三角地区	0.1574(0.3642)	0	1	0.0178(0.1324)	0	1
样本数	2173			1571		

业。而对于自营就业者来讲，其平均年龄和外出就业时间都略高于受雇就业者，不过其受教育年限和培训情况则比受雇就业者要差，自营就业以服务业为主，绝大多数自营活动规模不超过 50 人。

同时，表 5-2 也给出了主要因变量的分布情况及均值检验。首先，对受雇就业者和自营就业者的整体差异来说，2009~2010 年受雇就业者就业质量指数的变动幅度略低于自营就业者。在收入变动方面，自营就业收入变动的幅度要高于受雇就业，而其养老保险的变动幅度也要高于受雇就业者。对于工作时间变动来说，自营就业工作时间在增加，而受雇就业工作时间有减少趋势。而对工作转换对受雇就业质量变动的影响研究发现，转换工作者就业质量变动为负，而未转换工作者就业质量变动为正，工作转换对受雇就业者就业质量提升有负面效应。而从分指标来看，工作转换者和未转换工作者月收入水平都在增加，但转换工作者月收入增加要高于未转换工作者，两者的差异并不显著。对于养老保险来说，转换工作者的养老保险有变差的趋势（平均值低于2），而未转换工作者养老保险有转好的趋势（平均值大于2），但两者的差异并不显著。就劳动合同来讲，转换工作者的劳动合同有变差的趋势（平均值低于2），而未转换工作者的劳动合同有变好的趋势，两者的差异显著，说明就业转换对劳动合同变动产生了显著负面冲击。对于受雇就业的工作时间变化，转换工作者和未转换工作者其工作时间都在减少，不过转换工作者工作时间的减少幅度要高于未转换者，但这个差异并不显著。对于自营就业者而言，转换工作者就业质量有增加趋势，而未转换工作者就业质量下降，不过两者的差异并不显著。对于收入来说，转换工作者和未转换工作者收入都有增长趋势，转换工作者的收入增长要高于未转换工作者，不过两者的差异并不显著。对于养老保险来说，换工作者养老保险有明显变好的趋势，且显著好于未转换工作者。对于工作时间的变动研究发现，换工作和未换工作的自营就业者其工作时间都有增加的趋势，转换工作者的工作时间增加略高于未转换工作者，但两者的差异也显著。由此，可以看出，工作转换对于受雇者和自营就业者就业质量及其分指标变动的影响并不明确，更严谨的分析需要借助于计量分析来完成。

表 5 - 2   工作转换与就业质量变动均值检验：总指数与指标分解

		就业质量变动	收入变动	养老保险变化	劳动合同变动	工作时间变动
受雇就业	总样本	1.3467	163.52	2.0234	2.0320	-0.5591
	未转换工作	1.7510	161.519	2.0272	2.0416	-0.5485
	转换工作	-1.9314	179.142	1.9937	1.9557	-0.6410
	均值差	-3.6823**	17.623	-0.0335	-0.0859*	-0.0926
自营就业	总样本	-0.0250	205.33	1.9917		0.9223
	未转换工作	-0.1235	188.561	1.9884		0.8751
	转换工作	4.7352	506.863	2.0545		1.8163
	均值差	4.8587	318.302	0.0662*		0.9412

注：*、**、***分别代表在10%、5%和1%水平下显著。

三　实证结果与分析

实证估计利用经验方程（1）和经验方程（2）来完成，估计步骤为：首先估计工作转换对就业质量指数的影响，然后将就业质量用分指标收入、养老保险、劳动合同和工作时间来表示，考虑到受雇就业和自营就业的差异，对两者分别进行估计。对于估计方法，考虑到面板回归中使用的部分关键变量如受教育程度、性别、就业地区等是非时变变量，同时加之只有两年的短面板，所以最终均采用随机效应模型进行估计。而对于养老保险和劳动合同变动的估计，考虑到两年短面板 Panel Order Logit 的平行假定很难保证，最终控制了年份差异，采用截面估计方法进行。

（一）工作转换与就业质量变动：总指数

工作转换对就业质量变动的影响，对受雇就业者和自营就业者，均使用三个模型来估计，模型①为基准模型，除主要关注变量工作转换外，分别控制个体特征（年龄、性别、婚姻、受教育程度、培训经历和外出时间）、就业特征（就业行业、就业单位规模、就业地区）、年份虚拟变量。而模型②在基准模型的基础上，控制了前期就业质量（就业质量$_{t-1}$），用于控制初始就业质量的差异及影响，而模型③在模型②的基础上再加入了前期就业质量与工作变动的交互项，控制初始就业质量与工作变动的交叉影响。从模型的整体检验来看，受雇就业者估计模型①、模型②和模型③均通过了整体系数显著性检验（Wald test），不过模型①并没有通过 LM 检验，而从拟合优度来看，依次加入前期就业质量和前期就业质量与工作转换交互的模型

②和模型③的解释力度更强。同样，对于自营就业者的研究也发现，模型③整体上优于模型②和模型①，因此最终选择模型③来解释工作转换对就业质量变动的影响。

从回归结果来看工作转换对受雇就业者就业质量的影响（模型③），前期就业质量对当期就业质量的变动有显著负效应，前期就业质量越高，当期就业质量变动幅度反而越小，这可能与边际报酬递减有关，高位就业质量再提升的空间十分有限，而低位就业质量有较大的提升空间；在控制前期就业质量和前期就业质量与工作转换的交互项后，发现工作转换者初始就业质量越高，其就业质量增幅反而会降低。而进一步计算工作转换对就业质量产生不同影响的初始就业质量分界点为 17.12（5.13/0.2997），大概处于就业质量的 25 分位上。进一步说明，如果农民工的就业质量在 25 分位以上，工作转换就对农民工就业质量增长产生负效应，如果在 25 分位及以下，工作转换对就业质量增长有正效应。而对工作转换对自营就业者就业质量的影响，同样，控制前期就业质量后，当期工作转换对自营就业者当期就业质量有显著提升作用，但前期就业质量对当期就业质量的影响显著为负，前期就业质量越高，对当期就业质量的增长反而越会产生负效应，这与受雇就业者相同，而在加入前期就业质量与工作转换的交互项后，发现工作转换对就业质量增长的平均影响为正，不过，工作转换者前期就业质量越高，对其就业质量提高反而越会起到负面作用，我们同样计算得到这一初始分界点为 30.44（17.24/0.5663），处于就业质量的 80 分位上，也就是说对于自营就业者来讲，处在 80 分位及以上者，如果进行工作转换，对就业质量增长产生负效应，而 80 分位以下者进行工作转换，对就业质量增长会产生正效应。

从两者的比较来看，虽然工作变换对于就业质量增长同样产生正效应，而且对于前期就业质量低的人群来说，工作转换更有利于其就业质量增长。不过，同样发现受雇就业者和自雇就业者在分界点上存在较大差距，仅有25%处于就业质量下分位的受雇农民工能够通过工作转换实现其就业质量增长，而对于自营就业者来说，这个比例达到80%。也就是说，工作转换对于大部分受雇就业者就业质量增长是负效应，而对大部分自营就业者就业质量增长有积极影响。这也进一步显示，农民工中的受雇就业者大部分处于次要劳动力市场上，工作转换对其就业质量的提升作用十分有限，仅仅是就业质量偏低、处于就业底层者进行工作转换才能较快地提升其就业地位。

表5-3　工作转换与就业质量变动：总指数

	受雇就业			自营就业		
	①	②	③	①	②	③
工作转换 （转换＝1）	-3.2971* (1.9040)	-5.6341*** (1.6002)	5.1300* (2.9716)	4.8070 (3.9818)	5.8628* (3.4002)	17.2359** (7.8079)
年龄	0.0065 (0.0627)	-0.0518 (0.0656)	-0.0661 (0.0653)	-0.0494 (0.0479)	-0.0088 (0.0520)	-0.0067 (0.0521)
性别	1.1589 (1.0381)	1.8526* (1.0580)	1.8572* (1.0539)	0.3294 (0.7776)	0.7795 (0.7537)	0.8520 (0.7543)
受教育年限	-0.0478 (0.1935)	0.9833*** (0.2138)	0.9847*** (0.2106)	-0.2397 (0.1545)	0.4338** (0.1930)	0.4329** (0.1926)
婚姻 （已婚＝1）	-0.0384 (1.3070)	1.2401 (1.3481)	1.1857 (1.3264)	0.8277 (1.7915)	-1.5472 (2.0269)	-1.4021 (2.0413)
培训	1.5373 (0.9347)	4.4095*** (1.0565)	4.3878*** (1.0403)	-0.8557 (1.3136)	2.0690 (1.2966)	2.1693* (1.3012)
外出时间	-0.0440 (0.0848)	0.1004 (0.0973)	0.1098 (0.0959)	0.0774 (0.0632)	-0.0473 (0.0640)	-0.0526 (0.0642)
制造业	-2.5992* (1.3410)	2.4098* (1.4086)	2.1993 (1.3899)	-0.5386 (2.3096)	1.2336 (1.9003)	1.2016 (1.8996)
建筑业	1.0269 (1.4837)	-4.4744*** (1.5151)	-4.0916*** (1.4763)	-1.8087 (2.2124)	0.6940 (2.1050)	0.7206 (2.1158)

续表

	受雇就业			自营就业		
	①	②	③	①	②	③
50 人以下企业	− 3.0164 **	− 8.7752 ***	− 8.6556 ***	− 0.6072	4.8876 ***	4.8403 ***
	(1.2115)	(1.2493)	(1.2363)	(1.4234)	(1.4195)	(1.4181)
50~100 人企业	0.0632	− 1.8089	− 1.8270	0.2405	0.9100	0.8396
	(1.6783)	(1.6163)	(1.6053)	(2.7098)	(2.1360)	(2.1307)
长三角地区	1.5229	8.8168 ***	8.7934 ***	− 0.2981	2.6719 ***	2.7310 ***
	(1.1192)	(1.2053)	(1.1946)	(0.8715)	(0.9586)	(0.9585)
珠三角地区	0.1749	8.0609 ***	8.3419 ***	− 0.2435	− 2.3851	− 2.7570 *
	(1.2367)	(1.3322)	(1.3166)	(2.2523)	(1.5269)	(1.5933)
年份 (2009 年 = 1)	− 0.4856	− 1.2010	− 1.1525	0.1034	− 0.2411	− 0.3187
	(1.2928)	(0.9643)	(0.9601)	(1.0629)	(0.7433)	(0.7448)
离校成绩	− 2.0077 ***	0.4862	0.3092	0.5872	0.0497	− 0.0043
	(0.6088)	(0.7162)	(0.7022)	(0.5570)	(0.5333)	(0.5371)
就业质量$_{t-1}$		− 0.6329 ***	− 0.5992 ***		− 0.7137 ***	− 0.7096 ***
		(0.0305)	(0.0309)		(0.0590)	(0.0591)
工作转换 * 就业质量$_{t-1}$			− 0.2997 ***			− 0.5663 *
			(0.0783)			(0.3117)
常数项	9.4648 ***	14.4908 ***	14.0075 ***	0.5395	6.3697 *	6.3413 *
	(3.4518)	(3.6908)	(3.6462)	(3.0583)	(3.3058)	(3.3045)
R − sq	0.0180	0.2779	0.2878	0.0074	0.3381	0.3404
Wald test	31.87 ***	470.18 ***	501.84 ***	7.91	160.64 ***	172.14 ***
LM test	0.00	7.50 ***	8.07 ***	0.00	4.90 **	4.96 **
N	1257	1257	1257	798	798	798

注：行业以其他行业为参照组，地区以中西部地区为参照组，企业规模以 100 人以上企业为参照组；*、**、*** 分别代表在 10%、5% 和 1% 水平下显著。

（二）工作转换与就业质量变动：分指标比较

进一步将就业质量采用分指标如收入、养老保险、工作时间和劳动合同来表示，估计步骤与对就业质量指数的估计相同，对于受雇就业者和自营就业者，同样使用三个模型进行估计，模型①为基准模型，模型②分别在基准模型的基础上加入了前期结果变量的滞后项（收入$_{t-1}$、养老保险$_{t-1}$、工作时间$_{t-1}$、劳动合同$_{t-1}$），控制初始禀赋差异（异质性），模型③在模型②的基础上再加入了工作转换与前期结果变量的交互项（收入$_{t-1}$、养老保险$_{t-1}$、工作时间$_{t-1}$、劳动合同$_{t-1}$），进一步控制交互效应，并分别从收入、养老保险、工作时间、劳动合同四个角度进行比较分析（见表5-4）。

表5-4　工作转换与就业质量变动：收入

	受雇就业			自营就业		
	①	②	③	①	②	③
工作转换 （转换=1）	-13.1129 (60.6160)	-32.2479 (50.1253)	67.7441 (174.2705)	366.0909 (242.6768)	36.7612 (201.7189)	-70.2230 (275.5242)
年龄	-0.4146 (2.2771)	-13.9095*** (2.7399)	-13.9340*** (2.7381)	1.7185 (6.3607)	-13.5996** (6.5968)	-13.6496** (6.6202)
性别	70.9739* (38.9524)	300.0590*** (41.6848)	299.8035*** (41.9643)	-155.0919* (92.4860)	114.0876 (95.9299)	113.0368 (96.1881)
受教育年限	11.7534 (8.3218)	39.7378*** (10.8648)	39.7476*** (10.8481)	-15.8349 (20.6310)	36.2052* (21.1691)	36.4106* (21.2746)
婚姻 （已婚=1）	-92.6071 (63.2753)	51.2639 (70.3440)	52.8597 (69.7401)	-34.4860 (217.1272)	152.9417 (214.5762)	148.7597 (215.5623)
培训	68.6389* (40.0799)	183.9526*** (50.0901)	183.7422*** (50.1153)	393.0183** (193.7896)	747.0726*** (188.4635)	747.5372*** (188.8019)
外出时间	4.6614 (2.8368)	12.1876*** (3.8668)	12.2156*** (3.8470)	1.8685 (8.1014)	7.6553 (8.1521)	7.6082 (8.1866)
制造业	-26.5262 (49.6879)	-25.5182 (44.0433)	-27.0430 (44.4920)	64.5011 (389.8409)	145.0001 (342.9042)	145.5984 (344.0478)
建筑业	169.8020** (80.9060)	400.5925*** (90.2232)	400.1645*** (90.4413)	-281.4220 (222.5235)	-170.4609 (242.5904)	-164.9399 (244.4881)
50人以下企业	-172.2055*** (49.8229)	-96.8779** (49.3689)	-96.2926** (48.9812)	121.2208 (270.2811)	459.9670* (248.7990)	461.5453* (251.6740)
50~100人企业	-86.3146 (57.6580)	-52.8357 (53.0866)	-52.9818 (53.1998)	90.9366 (633.9755)	201.9419 (486.5448)	196.9020 (489.3059)
长三角地区	24.5637 (42.2909)	382.0245*** (59.0549)	382.2788*** (59.0755)	355.8805*** (107.1438)	756.6014*** (118.2215)	757.8358*** (118.5041)
珠三角地区	-14.5503 (46.2707)	420.0432*** (75.2476)	422.4090*** (74.6902)	-154.4794 (269.0524)	281.8729 (344.7876)	281.7211 (347.3591)

续表

	受雇就业			自营就业		
	①	②	③	①	②	③
年份 （2009 年 = 1）	115. 2288 *** （41. 7857）	− 74. 8439 *** （28. 8139）	− 74. 7987 *** （28. 7781）	− 316. 8776 ** （133. 5473）	− 275. 6137 *** （93. 9585）	− 275. 2923 *** （93. 8661）
离校成绩	8. 6369 （26. 2142）	50. 1095 （30. 8552）	49. 8515 （30. 8337）	81. 2573 （63. 4319）	48. 7237 （65. 8298）	48. 6651 （66. 0766）
收入$_{t-1}$		− 0. 7469 *** （0. 0593）	− 0. 7390 *** （0. 0613）		− 0. 8102 *** （0. 0534）	− 0. 8158 *** （0. 0549）
工作转换 * 收 入$_{t-1}$			− 0. 0705 （0. 1281）			0. 0601 （0. 1297）
常数项	13. 9635 （127. 6780）	747. 1200 *** （174. 3767）	734. 3762 *** （177. 4190）	12. 3885 （455. 8093）	958. 5545 ** （448. 9662）	973. 5318 ** （450. 2783）
R − sq	0. 0353	0. 2832	0. 2835	0. 0256	0. 3374	0. 3373
Wald test	55. 49 ***	249. 44 ***	253. 43 ***	28. 92 **	351. 30 ***	380. 91 ***
LM test	50. 42 **	4. 28 **	4. 32 **	0. 00	2. 34 **	2. 36 **
N	1364	1364	1364	968	968	968

注：行业以其他行业为参照组，地区以中西部地区为参照组，企业规模以 100 人以上企业为参照组；* 、** 、*** 分别代表在 10% 、5% 和 1% 水平下显著。

工作转换对收入增长的影响，首先从均值检验（见表 5 − 2）可以看出，不管是转换者还是未转换者，其收入都实现了增加，但工作转换对收入增加的影响差异并不明显。而表 5 − 4 给出了工作转换对收入影响的估计，从模型的整体检验来看，受雇就业者估计模型①、模型②和模型③均通过了整体系数显著性检验（Wald test），不过模型①并没有通过 LM 检验，而从拟合优度来看，依次加入前期收入和前期收入与工作转换交互项的模型②和模型③的解释力度更强。同样，对于自营就业者，模型③整体上优于模型②和模型①，因此最终选择模型③来解释工作转换对就业质量增长的影响。

在控制了初始收入禀赋后（模型②）发现：对受雇就业者而言，工作转换对收入增加有负效应，不过这个效应并不显著。加入交互项（模型③）的回归结果则显示，工作转换的系数为正，而工作转换与前期收入交互项的系数为负，进一步计算临界值为 960.91（67.7441/0.0705），大概位于前期收入 10 分位上，与邢春冰（2008）的结果近似，对于初始收入低的样本（10 分位以下），换工作对其收入增长有一定的促进作用，不过这个效应并不显著。而对于自营就业者来讲，在控制初始收入及初始收入与工作转换的交互项后，估计结果显示，工作转换系数为负，而工作转换与初始收入的交互项为正，进一步计算临界值为 1168.44（70.223/0.0601），大概位于前期收入约 30 分位，说明工作转换对高收入者有正效应，即收入在 30 分位以上者，工作转换对其收入增长有积极效应，不过，也不显著。

再看工作转换对养老保险变化的影响，在控制初始养老保险参与情况及工作转换与初始养老保险的交互项后，发现：对于自营者来讲，转换工作对其养老保险变动有显著正效应，即转换工作者的养老保险转好的概率要远高于未转换者。而对于受雇就业者而言，计量结果显示，工作转换对其养老保险参保率的提升有正向影响，不过并不显著。而前期养老保险与工作转换的交互项显著为负，说明前期有养老保险的受雇就业者如果进行工作转换，则其养老保险肯定有变差的趋势（养老保险参与由 1 变为 0）。这无疑说明，有养老保险的受雇就业者进行工作转换，则会对其养老保险参保情况产生显著的负向冲击，工作转换不利于其维持养老保险存续。

表 5－5　工作转换与就业质量变动：养老保险

	受雇就业			自营就业		
	①	②	③	①	②	③
工作转换（转换＝1）	−0.1379 (0.2298)	−0.4849 * (0.2590)	0.0586 (0.2861)	0.8080 (0.5150)	1.1590 ** (0.4853)	1.2503 ** (0.5299)
年龄	0.0035 (0.0103)	0.0105 (0.0111)	0.0100 (0.0111)	−0.0176 (0.0177)	−0.0091 (0.0221)	−0.0093 (0.0221)

续表

	受雇就业			自营就业		
	①	②	③	①	②	③
性别	0.2149	0.3224 *	0.3076 *	0.0974	− 0.0908	− 0.0833
	(0.1558)	(0.1646)	(0.1653)	(0.2500)	(0.3004)	(0.3009)
受教育年限	− 0.0300	0.1209 ***	0.1215 ***	− 0.0075	0.0996	0.0986
	(0.0317)	(0.0352)	(0.0354)	(0.0538)	(0.0662)	(0.0661)
婚姻 （已婚 = 1）	0.0131	0.1196	0.1179	0.5865	0.3009	0.2884
	(0.1982)	(0.2079)	(0.2089)	(0.6042)	(0.7013)	(0.6972)
培训	0.1439	0.5266 ***	0.5384 ***	− 0.1359	− 0.3084	− 0.3113
	(0.1596)	(0.1632)	(0.1637)	(0.4295)	(0.5321)	(0.5302)
外出时间	− 0.0085	0.0114	0.0131	− 0.0004	− 0.0290	− 0.0285
	(0.0142)	(0.0150)	(0.0152)	(0.0205)	(0.0269)	(0.0269)
制造业	− 0.2485	0.3145	0.3022	− 0.3282	0.0154	0.0117
	(0.2023)	(0.1926)	(0.1938)	(0.6836)	(0.8087)	(0.8110)
建筑业	− 0.2260	− 1.1121 ***	− 1.0958 ***	− 0.6311	− 15.1440	− 15.1177
	(0.2912)	(0.3710)	(0.3758)	(0.8213)	(1608.9340)	(1587.4525)
50 人以下企业	0.0416	− 0.8086 ***	− 0.8082 ***	0.0530	15.2535	15.2313
	(0.1748)	(0.1795)	(0.1806)	(1.2551)	(2297.4413)	(2288.3414)
50 ~ 100 人企业	0.3335	0.1568	0.1477	0.4074	0.1828	0.1787
	(0.2374)	(0.2285)	(0.2305)	(1.6230)	(2836.3238)	(2825.6852)
长三角地区	− 0.0106	0.5169 ***	0.5183 ***	− 0.6914 **	0.4095	0.4109
	(0.1770)	(0.1789)	(0.1803)	(0.2788)	(0.3149)	(0.3151)
珠三角地区	− 0.1673	0.4512 **	0.4730 **	− 0.0136	− 14.9509	− 14.9494
	(0.2085)	(0.2040)	(0.2048)	(0.9489)	(1761.1007)	(1743.1282)
年份 （2009 年 = 1）	− 0.2659 *	− 0.3687 **	− 0.3568 **	0.3257	0.4694	0.4683
	(0.1426)	(0.1512)	(0.1523)	(0.2423)	(0.2921)	(0.2918)
养老保险$_{t-1}$		− 21.1120	− 19.6415		− 33.9867	− 33.9358
		(1078.1669)	(561.5961)		(1662.6575)	(1650.2450)
工作转换 * 养老 保险$_{t-1}$			− 1.5202 *** (0.4964)			− 0.4213 (1.0987)
Log likelihood	− 811.82652	− 582.19534	− 577.59058	− 324.1441	− 189.02318	− 188.9511
Pseudo R2	0.0080	0.2886	0.2942	0.0206	0.4289	0.4291

注：行业以其他行业为参照组，地区以中西部地区为参照组，企业规模以 100 人以上企业为参照组；* 、** 、*** 分别代表在 10% 、5% 和 1% 水平下显著。

表 5-6 给出了工作转换对工作时间变动影响的估计结果，从中可以看出，对于受雇就业者而言，前期工作时间对当期工作时间的变动有显著负效应，前期工作时间越长，工作时间变动的空间越小，工作时间也反而会减少。在控制前期工作时间及前期工作时间与工作转换的交互项后，我们发现，工作转换的系数显著为正，工作转换与前期工作时间的系数显著为负，进一步估算临界点为 59.6（16.0712/0.2697），大约处于工作时间分布的 60 分位，也就是说工作时间低于60 分位者，如果进行工作转换，可能会增加其工作时间，而工作时间高于 60 分位者，工作转换将会导致其工作时间减少。再看，工作转换对自营就业者工作时间变动的影响，在控制前期工作时间及工作转换与前期工作时间的交互项后，发现：工作转换系数也为正，工作转换与前期工作时间的交互项系数也为正，不过这两个效应并不显著。

表 5-6 工作转换与就业质量变动：工作时间

	受雇就业			自营就业		
	①	②	③	①	②	③
工作转换 （转换 = 1）	- 0.2600 （1.4615）	0.1144 （1.2897）	16.0712 *** （5.4030）	1.0275 （2.6620）	- 5.7605 *** （2.1005）	- 7.4858 （8.8359）
年龄	- 0.0251 （0.0506）	0.0755 （0.0573）	0.0844 （0.0559）	0.0331 （0.0654）	- 0.1060 （0.0651）	- 0.1062 （0.0651）
性别	- 1.0529 （0.7025）	0.6273 （0.7997）	0.5759 （0.7864）	- 0.5178 （0.9407）	- 0.8240 （0.8812）	- 0.8262 （0.8813）
受教育年限	- 0.1777 （0.1461）	- 0.7840 *** （0.1607）	- 0.7580 *** （0.1587）	0.3732 * （0.2103）	- 0.5510 *** （0.1933）	- 0.5509 *** （0.1933）
婚姻 （已婚 = 1）	- 2.0834 ** （0.8954）	- 0.8341 （0.9494）	- 0.8018 （0.9311）	1.8649 （2.0186）	5.9773 *** （2.0276）	5.9724 *** （2.0207）
培训	0.2744 （0.6798）	- 0.0257 （0.7807）	0.0296 （0.7670）	1.3350 （1.3528）	- 1.5368 （1.7121）	- 1.5395 （1.7117）
外出时间	0.0819 （0.0617）	- 0.0004 （0.0728）	0.0004 （0.0711）	- 0.0780 （0.0750）	0.1220 （0.0764）	0.1220 （0.0764）

续表

	受雇就业			自营就业		
	①	②	③	①	②	③
制造业	-0.5156 (0.9199)	-1.5908 * (0.9623)	-1.3122 (0.9534)	-8.7523 *** (2.8387)	-10.9929 *** (3.0940)	-10.9974 *** (3.0964)
建筑业	2.2164 (1.6000)	1.0232 (1.4040)	0.9882 (1.3874)	8.0637 (6.4039)	-2.4148 (4.1286)	-2.4235 (4.1269)
50 人以下企业	1.4527 (0.8985)	4.1220 *** (0.8669)	4.2357 *** (0.8501)	1.9924 (1.7871)	-8.0699 *** (2.6545)	-8.0866 *** (2.6577)
50~100 人企业	-1.9182 (1.3378)	-0.4387 (1.0939)	-0.5417 (1.0863)	-2.3752 (3.6733)	-6.3693 * (3.4824)	-6.3857 * (3.4840)
长三角地区	0.3056 (0.7235)	-4.3261 *** (0.8932)	-4.2199 *** (0.8815)	2.3173 ** (0.9725)	2.7158 *** (0.9914)	2.7224 *** (0.9946)
珠三角地区	3.2622 *** (0.9149)	-2.2732 ** (1.0059)	-2.3610 ** (0.9911)	-2.4473 (4.1519)	2.9271 (4.2088)	2.9367 (4.2113)
年份 (2009 年 =1)	-0.9647 (0.9632)	-0.3500 (0.6678)	-0.2755 (0.6674)	-0.8077 (1.3441)	-0.1763 (0.8469)	-0.1881 (0.8482)
就业时间$_{t-1}$	2.4762 (2.5358)	-0.7404 *** (0.0342)	-0.7036 *** (0.0365)	-5.8677 (4.0756)	-0.8472 *** (0.0303)	-0.8481 *** (0.0310)
工作转换 * 就业质量$_{t-1}$		48.2997 *** (3.3542)	-0.2697 *** (0.0877)		74.9925 *** (4.9995)	0.0258 (0.1395)
常数项			45.4140 *** (3.4611)			75.0902 *** (5.0222)
R-sq	0.0185	0.3148	0.3234	0.0185	0.4541	0.4541
Wald test	35.56 ***	489.88 ***	534.09 ***	29.61 ***	868.29 ***	875.87 ***
LM test	0.00	5.53 ***	7.43 ***	0.00	2.43 **	2.48 **
N	1363	1363	1363	978	978	978

注：行业以其他行业为参照组，地区以中西部地区为参照组，企业规模以 100 人以上企业为参照组；* 、** 、*** 分别代表在 10% 、5% 和 1% 水平下显著。

最后关注工作转换对劳动合同变化的影响，由于自营就业者不涉及劳动合同问题，本文仅对受雇就业者进行了估计。从估计结果来看，工作转换对劳动合同变动有显著负影响，即使在控制了前期劳动合同和前期劳动合同与工作转换的交互影响后，我们依然发现，工作转换对劳动合同的变动产生显著负影响，而且拥有固定或者长期劳动合同的受雇农民工进行工作转换，会对劳动合同变动产生更大的显著负效应。这说明，有固定或者长期劳动合同的农民工在工作转换中将处于不利地位，工作转换在失去原有固定或者长期劳动合同的同时并不能获得一份等同的劳动合同，相对于未转换者，工作转换反而使其劳动合同情况变差，这不利于农民工就业质量的提升。

表 5 - 7　工作转换与就业质量变动：劳动合同

	受雇就业		
	①	②	③
工作转换 （转换 = 1）	- 0.3299 * （0.1873）	- 0.7665 *** （0.2058）	- 0.1556 * （0.2632）
年龄	0.0018 （0.0082）	- 0.0032 （0.0091）	- 0.0051 （0.0092）
性别	- 0.0015 （0.1240）	0.1196 （0.1367）	0.1144 （0.1372）
受教育年限	- 0.0253 （0.0251）	0.0768 *** （0.0288）	0.0750 *** （0.0290）
婚姻 （已婚 = 1）	- 0.0620 （0.1587）	- 0.0232 （0.1782）	- 0.0196 （0.1792）
培训	- 0.0270 （0.1282）	0.4558 *** （0.1435）	0.4524 *** （0.1438）
外出时间	0.0044 （0.0112）	0.0093 （0.0126）	0.0094 （0.0127）
制造业	- 0.2539 （0.1577）	0.2809 （0.1901）	0.3018 （0.1912）
建筑业	0.2565 （0.2319）	- 0.5302 ** （0.2651）	- 0.4940 * （0.2669）
50 人以下企业	- 0.3481 ** （0.1401）	- 1.1828 *** （0.1571）	- 1.1567 *** （0.1577）
50 ~ 100 人企业	- 0.1447 （0.1886）	- 0.5002 ** （0.2118）	- 0.4852 ** （0.2130）
长三角地区	0.4040 *** （0.1428）	1.3204 *** （0.1628）	1.3570 *** （0.1643）

续表

	受雇就业		
	①	②	③
珠三角地区	0.2088 (0.1646)	1.0786 *** (0.1946)	1.1337 *** (0.1968)
年份 (2009 年 = 1)	0.1364 (0.1139)	0.1100 (0.1270)	0.1124 (0.1278)
就业质量$_{t-1}$		− 20.9014 (752.9900)	− 20.0337 (515.9260)
工作转换 * 就业质量$_{t-1}$			− 1.3154 *** (0.3918)
Log likelihood	− 1178. 39	− 758. 79	− 753. 24
Pseudo R2	0.0101	0.3626	0.3672

注：行业以其他行业为参照组，地区以中西部地区为参照组，企业规模以 100 人以上企业为参照组；＊、＊＊、＊＊＊分别代表在 10% 、5% 和 1% 水平下显著。

四　本章小结

本章通过控制工作转换前的就业状态，考察最近一次换工作对就业质量变动的影响。从总指数来看，当期工作转换对受雇者和自营者就业质量的平均影响均为正。具体来讲，前期就业质量对当期就业质量的影响为负，前期就业质量越高，当期就业质量提升空间越有限，对受雇就业者而言，就业质量处于 25 分位及以下者，转换工作对其就业质量的影响为正，反之则是负向影响。而对自营就业者而言，前期就业质量处于 80 分位以上者，工作转换对就业质量增加是负效应，而对前期就业质量处于 80 分位以下者，则是积极影响，说明工作转换对低收入者就业质量增加有明显的提升作用。

从分指标来看，工作转换对受雇就业者收入增长的平均影响为正，对自营就业者收入增长的平均影响为负，但均不显著。有养老保险的受雇就业者进行工作转换时，会对其养老保险参保产生显著的负向冲击，工作转换不利于受雇就业者维持其养老保险承续，不过对于自营就业者的负效应并不显著。工作转换对于初始工作时间不同的就业者，影响效应也存在较大差异，对于转换工作前工作时间低于60分位者，如果进行工作转换，将会显著增加其工作时间，而工作时间高于60分位者，工作转换将会导致其工作时间减少。而工作转换与自营就业者前期工作时间的交互项系数为正，但这个效应并不显著。对于受雇就业者，有固定或者长期劳动合同者在工作转换中将处于不利地位，工作转换使其在失去原有固定或者长期劳动合同的同时并不能获得一份等同的劳动合同，相对于未进行工作转换者，工作转换反而使其劳动合同情况变差，这不利于其就业质量的提升。

第六章 工作转换模式与就业质量

一 引言

目前，探讨工作转换对工资或者工作满意度影响的研究，往往假定工作转换为同质的，从而简化理论模型构建及其实证估计方法。不过，在现实中，工作转换不同模式之间存在较大差异，如自愿流动与非自愿流动，对劳动者工资或者工作满意度的影响不同，甚至完全相反，自愿辞职的劳动者工资可能增加，而非自愿解雇则意味着减薪（Hyslop 和 Maré，2009）。因此，在讨论工作转换对工资的影响效应时有必要区分不同的工作转换模式。

而在研究中，部分学者开始通过区分不同的工作转换模式探讨这些模式的影响差异。如 Antel（1983；1986）、Moore et al.（1998）和 McLaughlin（1991）在计算平均流动回报或建立就业流动模型时区分了自愿与非自愿性离职行为。而 Light 和 McGarry（1998）根据转换次数把工作转换分为不同的类型来探讨工作变换对年轻人工资的影响，发现持续工作流动对收入有明显的负效应。Romão 和 Escaria（2004）利用葡萄牙 1997~1998 年雇主雇员匹配数据（Longitudinal Matched Employer-Employee，LMEEM），分析了流动模式的差异对收入的影响效应，并将流动模式划分为三种：50km 以内的转换、50~100km 的转换、100km 以上的转换，实证结果表明，新旧工作之间的距离越远，转换者工资增加越多。而 Perticara 等（2004）在讨论职业流动的收入效应时将职业流动区分为自愿与非自愿流动两种形式，采用美国青年追踪调查数据（National Longitudinal Survey of Youth，NLSY）研究发现，自愿流动的平均工资涨幅为 7%，非自愿流动的工资损失约为 5%。也就是说自愿流动提升了工人在工资分布中的相对位置，而下岗或被解雇则会遭受损失，50% 的被动离职者经历工资损失，而 70% 的主动离职者工资会增长。虽然一般而言，主动离职对工资增长有积极影响，但也有相当部分的主动离职者遭受工资损失，因此辞职似乎有风险，但也是非常有益的行动。而且，在职业生涯早期通过辞职获得较大的工资增长收益的工人，随着职业生涯期的延伸，流动为其带来的收益似乎消失了，而被解雇者的损失却增加了，尤其是对高技能工人来说。

Pavlopoulos 等（2007）利用来自英国和德国两个不同劳动力市场特征的面板数据（1991~2004 年），采用面板随机效应 Logit 模型来探讨离职对不同类型就业者（高收入者和低收入者）工资水平的影响，在区分企业间工作转换与企业内工作转换后，利用非工资性工作满意度作为外生变量来识别模型，并进行最大似然估计。研究发现，在英国自由劳动力市场中，工作转换率和相应的工资回报均高于德国。在两个国家中，低工资工人更倾向于换雇主（企业间流动），而高工资工人更倾向于在企业内流动。低工资工人工作流动的平均相对收益高于高工资工人，而高工资工人工作流动没有出现明显工资变化。工资分布中位置越高，换雇主的可能性越小。外生变量如英国是对工作小时数和工作内容的满意度，德国是对工作安全性的担忧，与企业间工作流动性显著相关。这意味着，对工作的满意度越高，工作流动的可能性越低。在英国，变换雇主的低收入工人经历工资增长，而留在原单位的高收入工人工资增长很少；而在德国，变换雇主的低收入工人和留在原单位的高收入工人经历同样的工资增长。同时，企业内工作流动增加工资收入仅是对英国低收入工人而言。而 Hospido（2010）利用美国动态收入面板数据（Panel Study of Income Dynamics，PSID）探讨工作转换对个人收入的动态差异影响，在区分自愿和非自愿工作转换并利用工具变量矫正内生性后，最终发现：企业内工作转换对工资的影响接近于 0，而企业间工作转换对工资的影响虽然显著但很小。Chadi 等（2014）考察工作转换与工作满意度的关系时，检验了 Boswell 等（2005）提出的"蜜月效应"（Honeymoon-hangover Effect）。Boswell 等（2005）在研究美国高层经理的工作转换与工作满意度时发现，经理们对转换前的工作极不满意，新工作初期出现"蜜月效应"，满意度达到高峰，随后新工作的魔力消失，满意度开始下降。但 Chadi 等（2014）从雇员的角度，区分四种不同的工作转换方式：辞职、双方协议解除、解雇、企业倒闭。由于企业倒闭不是个体的选择行为，这样研究工作变换对工作满意度的因果效应使是在一个劳动力市场的自然状态下进行。结果发现，企业倒闭导致的工作转换没有产生"蜜月效应"。这说明，新工作的"蜜月效应"主要是由自愿性工作变换引起的，当工作变换诱因外生时，新工作的"蜜月效应"消失，而且新工作的"蜜月效应"由变换工作的自愿程度决定，由辞职原因导致的工作转换，转换后的工作满意度最高，其次是双方协议终止，越是非自愿性变换工作，对工作满意度的影响越低，由于企业倒闭导致工人完全被迫变换工作时，新工作"蜜月效应"变成负的，虽然不显著。这表明，在劳动力市场，工人新工作有"蜜月效应"，但这个现象并不必然与工作变换相联系。

在实证分析中，很难甚至不可能区分不同的职业流动模型，它们往往都被视为理解劳动者职业流动决策及其对收入增长影响效应的补充（Veum，1997）。而在农民工工作转换对工资影响的研究中，基本上把工作转换视为同质的，很少区分不同的工作转换模式，仅有谢勇（2009）、黄乾（2010）和吕晓兰等（2013）进行过相应的探索性研究。谢勇（2009）利用2007年在南京市进行的调查数据，把工作转换区分为"在不同城市之间"和"在同一城市的不同单位之间"两种模式，并研究两种模式对农民工工资水平的影响。而黄乾（2010）将农民工的工作转换划分为：行业内工作转换和行业间工作转换，利用"农村劳动力转移就业的社会政策研究"课题组的调查数据，分析行业内工作转换和行业间工作转换对农民工收入增长的影响。发现行业内转换对低收入农民工的收入增长效应是正的，而对高收入农民工的收入增长效应是负的；而行业间转换对所有收入水平农民工的收入增长都是负向影响。工人变换工作可能是因为找到更好的机会，也可能是受家庭和自身原因影响。最近一项研究是由吕晓兰等（2013）做出的，他们依据农民工工作转换的动机和原因，把工作流动分为四种类型：基于工作原因的主动流动、基于家庭原因的主动流动、基于单位原因的被动流动和基于个人原因的被动流动，利用中国动态收入调查（CHIP 2008）的数据来考察这四种工作转换类型的收入效应及其性别差异。

不过，上述三个研究存在一个共同的问题，就是对于工作转换定义存在局限性，都采用截面数据或者追忆数据。三个研究对于工作转换的判断局限于"农民工进入城市从事非农工作后的首份工作是不是接受调查时所从事的工作"或者基于工作转换次数定义工作转换，由于首份工作可能与农民工当前所从事的工作时间间隔较长，从而会把一些宏观经济因素或者其他不可预测因素带来的工资增长都视为工作转换带来的，导致估计出现偏差。基于此，本章将利用 RUMIC 数据进一步考察工作转换模式对农民工就业质量的影响，基于数据的可获得性，把农民工工作转换模型区分为三大类：第一类，按照离职原因划分为工作原因转换、个人或家庭原因转换、单位原因转换；第二类，按照所在转换行业差异，分为行业内转换和行业间转换；第三类，按照转换城市差异，分为城市内转换和城市间转换，来进一步分析不同工作转换模式对农民工就业质量的影响。

二　模型与数据说明

（一）估计模型

由于只有 RUMIC 2009 调查了上一份工作的具体情况，如离职原因、上一份工作的职业、上一份工作的每周工作时间、上一份工作的行业，所以在探讨工作转换模式对农民工就业质量的影响时，均采用截面估计方法。

由于就业质量指数、收入、工作时间等因变量为连续变量，所以采用 OLS 进行估计，而经验方程参考 Pavlopoulos 等（2007）和 Chadi 等（2014）的思路，具体线性经验方程如下：

$$y_i = p_j turnover_{ij} + x_i \gamma + \varepsilon_i \tag{1}$$

其中，y_i 为个体 i 的结果变量，如就业质量指数、月工资收入或周工作时间。而 x_i 为控制变量，包括个体特征（年龄、性别、受教育程度、婚姻、培训经历、外出时间）和就业特征（就业行业、就业单位规模、就业区域），ε_i 为误差项。我们主要的关注变量为

$turnover_{ij}$，即个体 i 的第 j 类工作转换类型，其中工作转换类型有三大类：一是基于离职原因的分类，即工作原因转换、个人或家庭原因转换与单位原因转换；二是基于转换行业类型的分类，即行业内转换和行业间转换；三是基于转换城市的差异，分为城市内转换和城市间转换。其中对于每一个分类，都通过虚拟变量来定义，如工作原因转换 =1，其他 =0；个人或家庭原因转换 =1，其他 =0；单位原因转换 =1，其他 =0。不同分类的基准均为未进行工作转换组。

同时，还估计了工作转换模式对农民工养老保险和劳动合同的影响，由于因变量是否参加养老保险和是否签订固定或者长期劳动合同均为离散变量，需要使用二值模型来估计。假设参加养老保险和签订固定或者长期劳动合同满足下列非线性方程：

$$y_i^* = p_j turnover_{ij} + x_i \gamma + \varepsilon_i \tag{2}$$

其中 y_i^* 不可观测，其选择规则为：

$$y_i = \begin{cases} 1, if\, y_i^* > 0 \\ 0, if\, y_i^* \leq 0 \end{cases} \tag{3}$$

一般我们用 Logit 模型来进行估计：

$$p(y_i = 1 \mid x_i, turnover_i, \varepsilon_i) = \exp(\rho_j turnover_{ij} + x'_i \gamma)/1 + \exp(\rho_j turnover_{ij} + x'_i \gamma) \tag{4}$$

（二）数据来源及说明

本章数据来源于中国城乡劳动力流动调查（Rural Urban Migration in China），由于仅有 RUMIC 2009 详细记录了上一份工作的具体行业、离职原因等，可以区分不同的工作转换模式，所以最终在分析工作转换模式差异对就业质量的影响差异时，仅使用 RUMIC 2009 的数据。

本章重点讨论农民工工作转换模式对其就业质量水平的影响，首先需要对农民工工作转换模式进行定义。对于结束上一份工作的原因，问卷共设计了20个选项，包括：到了正常离退休年龄（1）、提前退休（2）、工厂关闭或破产（3）、工厂迁址（4）、工厂兼并或重组或者私有化（5）、被雇主解雇（6）、集体下岗（7）、工作合同到期（8）、试用期已满（9）、健康状况恶化（10）、参加学习（11）、结婚（12）、怀孕或照看三岁以下小孩（13）、照看其他家人（14）、居住地址变更（15）、想找个工资高一些或者条件好一些的工作（16）、想找个更有意思的工作（17）、想从事自我经营（18）、不再从事自我经营了（19）、其他（20）。我们把它们合并为三个大类：基于工作原因的转换，包括第（16）、（17）、（18）、（19）四个选项；基于单位原因的转换，包括第（3）、（4）、（5）、（6）、（7）、（8）、（9）七个选项；其他属于个人或家庭原因的转换。其中，基于工作原因的转换大多为自愿性转换，而基于个人或家庭原因、单位原因的转换大多是被迫的工作转换。

同时，根据转换行业类型将工作转换分为：行业内转换和行业间转换。我们把行业分为三个大类：制造业、服务业和建筑业，行业内转换指在这三个行业内部转换，农民工更换了工作单位，但仍在同一个行业内工作，就定义为行业内转换，如农民工从制造业行业内的一个企业换到另外一个企业。如果农民工更换了工作单位，而原工作单位所在行业与新工作单位并不是一个行业，如建筑业农民工转换到服务业就业，我们定义为行业间转换。而对于城市内工作转换和跨城市工作转换，我们的定义以工作地点为基准，具体来说，在问卷中具有"您一共在多少个城市/县城从事过务工经商活动"这一项调查内容，我们利用这个选项来定义城市内工作转换和城市间工作转换，如果农民工仅在一个城市从事过务工经商活动且发生了工作转换，我们定义为城市内工作转换，相应地，如果农民工在两个或两个以上城市从事过务工经商活动且发生了工作转换，我们定义为城市间工作转换。

根据定义，同时删去关键变量存在缺失的样本，最后我们获得有效分析样本6652个，其中受雇农民工样本4812人，自营就业农民工样本1840人。受雇就业和自营就业农民工主要变量分布情况分别如表6-1和表6-2所示。

表6-1 主要变量描述性统计：受雇就业农民工

变量	样本数	均值	标准差	最小值	最大值
就业质量	4663	38.488	20.866	1.0309	89.907
收入	4709	1639.5	838.03	300	10000
养老保险	4812	0.2492	0.4326	0	1
劳动合同	4812	0.5515	0.4974	0	1
工作时间	4758	57.982	14.155	24	105
工作原因(自愿性转换)	4812	0.2668	0.4424	0	1
个人或家庭原因	4812	0.0461	0.2098	0	1
单位原因(非自愿性转换)	4812	0.0594	0.2365	0	1
行业间转换	4812	0.0547	0.2273	0	1
行业内转换	4812	0.3520	0.4777	0	1
城市间转换	4812	0.2434	0.4291	0	1
城市内转换	4812	0.1621	0.3686	0	1
年龄	4812	30.170	9.9989	16	64
性别(男=1)	4812	0.6058	0.4887	0	1
受教育年限	4812	9.5374	2.5095	1	20
婚姻(已婚=1)	4812	0.5578	0.4967	0	1
培训(有培训经历=1)	4812	0.2766	0.4474	0	1
外出时间	4812	8.5027	6.1469	1	50
制造业	4812	0.2442	0.4296	0	1
建筑业	4812	0.0960	0.2946	0	1
50人以下企业	4812	0.4925	0.5000	0	1
50~100人企业	4812	0.1475	0.3547	0	1
长三角地区	4812	0.3520	0.4777	0	1
珠三角地区	4812	0.2174	0.4125	0	1

首先，我们来看受雇就业样本特征，主要来看农民工工作转换各类型的分布，其中由于工作原因进行工作转换者占总样本的26.68%，而由于个人或家庭原因、单位原因转换工作者占总样本的4.61%和5.94%，以工作为目的的主动工作转换占总转换者的比例达到71.65%，大多数受雇者进行工作转换的目的是改变目前的工作状态，提升就业质量。这符合当前农民工工作转换的整体特征，我们的抽样数据也具有较强的代表性和解释力。而从行业转换来看，我们发现，农民工行业内转换的概率（35.2%）远高于行业间转换概率（5.47%），转换工作农民工中85.55%选择在行业内进行工作转换，这与行业间技能迁移有关，如制造业、建筑业和服务业之间存在较大的差异，在服务业积累的工作经验等人力资本无法有效迁移到制造业和建筑业上去。我们再看城市工作转换特征，数据显示，受雇农民工在城市间转换的概率要高于其在城市内转换的概率，城市间转换工作的样本占转换者总样本的60.02%，这说明大部分转换工作的农民工至少在两个或者两个以上的城市工作过，这与当前农民工区域迁移趋势相吻合。随着产业转移的推进，农民工需求中心已经由过去的一个（珠三角）转变为多个中心并存的局面，农民工有更多的就业选择，跨省迁移正逐步向省内迁移转变（参见2009～2013年《全国农民工监测调查报告》农民工地域分布数据），使得农民工工作转换更倾向于在输出地和输入地两个地区间进行。

　　再来看自营就业者工作转换类型的分布（见表6-2），我们同样发现，自营就业者工作转换同样以自愿性转换为主，转换者中82.15%的农民工是为了获得更高的收入或者改善工作环境而进行工作转换。从行业转换来看，我们同样发现，自营就业者实现行业间转换的概率更低，仅有0.33%，这与自营活动主要以服务业为主（93.5%）有关，相对于服务业来讲，在建筑业或者制造业从事自营或者创业活动需要更多的资金、技术等投入，从服务业到制造业、建筑业的转换会面临更大的转换壁垒和更多的转换投入，这对于以商贩、小吃店等为主的农民工自营者来讲，很难做到，所以最终农民工自营活动转换到制造业和建筑业的概率会很低。最后，再看城市转换，我们发现，自营就业农民工城市间的转换概率也要高于城市内的转换概率，这与受雇就业农民工的就业区域变化趋势类似。

表 6 - 2　主要变量描述性统计：自营就业农民工

变量	样本数	均值	标准差	最小值	最大值
就业质量	1680	20.163	12.721	0.3436	86.831
收入	1773	2108.6	1479.6	300	10000
养老保险	1840	0.0734	0.2608	0	1
工作时间	1730	77.226	14.581	24	105
工作原因（自愿性转换）	1840	0.1701	0.3758	0	1
个人或家庭原因	1840	0.0228	0.1494	0	1
单位原因（非自愿性转换）	1840	0.0141	0.1181	0	1
行业间转换	1840	0.0033	0.05703	0	1
行业内转换	1840	0.2087	0.4065	0	1
城市间转换	1840	0.1332	0.3398	0	1
城市内转换	1840	0.0788	0.2695	0	1
年龄	1840	36.014	8.6588	17	63
性别（男 =1）	1840	0.5668	0.4956	0	1
受教育年限	1840	8.3516	2.4249	1	16
婚姻（已婚 =1）	1840	0.9114	0.2842	0	1
培训（有培训经历 =1）	1840	0.0951	0.2934	0	1
外出时间	1840	12.215	6.6806	1	45
制造业	1840	0.0348	0.1833	0	1
建筑业	1840	0.0310	0.1733	0	1
50 人以下企业	1840	0.9777	0.1476	0	1
50 ~ 100 人企业	1840	0.0082	0.08995	0	1
长三角地区	1840	0.3185	0.4660	0	1
珠三角地区	1840	0.0739	0.2617	0	1

三 实证估计结果与比较分析

（一）工作转换原因差异与就业质量

自愿和非自愿工作变换在工资挣得决定中的作用存在较大差异（Perticara 等，2004），而基于不同离职原因的自愿和非自愿工作转换对农民工收入等就业状态的影响也必然存在较大差异。如吕晓兰等（2013）的研究就指出，不同类型的职业流动对农民工收入有不同的影响效应，具体来讲，对于男性农民工而言，工作原因、家庭原因等两种自愿性工作转换显著提升了其收入水平，而由于单位原因被动流动的农民工则显著降低了其后续收入。在此，我们借鉴这些研究，进一步把工作转换原因分为：工作原因转换（更多是自愿性转换）、个人或家庭原因转换（可能是自愿性工作转换）、单位原因转换（更多是非自愿性转换），来探讨它们对农民工就业质量的影响。估计采用经验方程（1）来完成，为了消除异方差及不可观测异质性的影响，我们在就业质量方程和收入方程中均加入了离校时的成绩来控制个体异质性，同时使用稳健回归处理可能存在的异方差。另外，考虑到初始收入、劳动合同和工作时间禀赋对后期就业质量的影响效应，同时将上一份工作的收入、劳动合同、工作时间放入回归方程来控制，不过由于 RUMIC 2009 并没有给出上一份工作的养老保险情况，在就业质量和劳动合同回归方程中，我们未能放入初始禀赋来控制初始异质性，但同样区分了受雇就业者和自营就业者，结果分别如表 6-3 和 6-4 所示。

首先，初始禀赋对当期就业质量有显著正影响，上一份工作收入

表 6 – 3　工作转换原因与就业质量：受雇就业

	就业质量	收入	养老保险	劳动合同	工作时间
工作原因 （自愿性转换）	– 4. 5687 *** （0. 6241）	– 0. 0703 *** （0. 0162）	– 0. 4629 *** （0. 0933）	– 0. 5220 *** （0. 0773）	1. 0546 （0. 8641）
个人或家庭原因	– 5. 4711 *** （1. 2411）	– 0. 1480 *** （0. 0294）	– 0. 5538 *** （0. 1945）	– 0. 6346 *** （0. 1599）	2. 3471 * （1. 3878）
单位原因 （非自愿性转换）	– 7. 9410 *** （1. 0822）	– 0. 0976 *** （0. 0222）	– 0. 6050 *** （0. 1744）	– 0. 9616 *** （0. 1376）	2. 3037 * （1. 1789）
年龄	– 0. 0430 （0. 0398）	– 0. 0075 *** （0. 0011）	0. 0045 （0. 0055）	– 0. 0024 （0. 0047）	0. 0083 （0. 0623）
性别（男 = 1）	1. 7875 *** （0. 5728）	0. 1406 *** （0. 0149）	0. 1749 ** （0. 0797）	0. 1944 *** （0. 0676）	1. 7591 ** （0. 7517）
受教育年限	1. 6849 *** （0. 1168）	0. 0223 *** （0. 0032）	0. 1845 *** （0. 0173）	0. 1167 *** （0. 0140）	– 0. 7576 *** （0. 1478）
婚姻（已婚 = 1）	2. 4007 *** （0. 7626）	0. 0724 *** （0. 0197）	0. 4224 *** （0. 1073）	0. 0081 （0. 0903）	0. 0880 （0. 9397）
培训（有培训经历 = 1）	5. 4186 *** （0. 6166）	0. 0738 *** （0. 0144）	0. 6002 *** （0. 0809）	0. 3831 *** （0. 0747）	– 0. 4503 （0. 7316）
外出时间	0. 3333 *** （0. 0556）	0. 0080 *** （0. 0015）	0. 0412 *** （0. 0078）	0. 0121 * （0. 0064）	0. 0035 （0. 0781）
制造业	3. 3389 *** （0. 7467）	0. 0124 （0. 0173）	0. 3717 *** （0. 0894）	0. 2315 *** （0. 0861）	1. 5803 * （0. 9001）
建筑业	– 8. 3406 *** （0. 8580）	0. 2691 *** （0. 0268）	– 1. 5914 *** （0. 1980）	– 0. 7545 *** （0. 1166）	1. 0130 （1. 0769）
50 人以下企业	– 10. 0132 *** （0. 6838）	– 0. 0056 （0. 0160）	– 1. 2449 *** （0. 0930）	– 0. 7588 *** （0. 0793）	4. 5888 *** （0. 8405）
50 ~ 100 人企业	– 5. 2151 *** （0. 8682）	0. 0283 （0. 0215）	– 0. 5244 *** （0. 1110）	– 0. 5144 *** （0. 1003）	0. 8891 （1. 0286）
长三角地区	8. 2090 *** （0. 6151）	0. 2090 *** （0. 0169）	0. 6805 *** （0. 0883）	0. 6499 *** （0. 0720）	– 1. 5596 * （0. 8603）
珠三角地区	9. 6386 *** （0. 7220）	0. 3168 *** （0. 0177）	0. 6241 *** （0. 0999）	0. 8546 *** （0. 0887）	– 1. 1468 （0. 8616）
离校成绩	0. 9915 ** （0. 3957）	0. 0324 *** （0. 0097）			
前份工作收入		0. 1731 *** （0. 0160）			

续表

	就业质量	收入	养老保险	劳动合同	工作时间
前份工作劳动合同				1.3200 ***	
				(0.1332)	
前份工作工作时间					0.2830 ***
					(0.0277)
常数项	16.2665 ***	5.6693 ***	−3.6038 ***	−0.9621 ***	43.7989 ***
	(2.1094)	(0.1164)	(0.2662)	(0.2204)	(3.1735)
N	4663	2604	4812	4812	1438
R_sq	0.2619	0.3376	0.1768	0.1250	0.1619
Log pseudolikelihood	—	—	−2224.0226	−2896.1313	—

注：行业以其他行业为参照组，地区以中西部地区为参照组，企业规模以100人以上企业为参照组；＊、＊＊、＊＊＊分别代表在10%、5%和1%水平下显著。

越高，当前工作的收入越高，上一份工作劳动时间越长，当前工作劳动时间也有显著增加。而在控制个体特征、工作特征和初始就业质量禀赋后，发现：相对于未转换工作者，不管是什么原因的工作转换，均对就业质量及其分指标如收入、劳动合同和养老保险产生显著负影响，转换工作者的就业质量指数、收入水平、长期或者固定劳动合同签订率以及养老保险参保率均显著低于未转换者，这与我们前面的结论一致，说明工作转换对于受雇就业者就业质量有负面影响。不过，不同的工作转换类型对就业质量的负面冲击还有较大差异，从估计系数来看，由于工作原因产生的工作转换对就业质量的冲击最小，这说明以提升工作地位为目的的自愿性工作流动虽然对就业质量产生一定的负面冲击，但这个负面冲击最小。而由于个人或家庭原因和单位原因产生的工作转换对就业质量的冲击有所差异，由个人或家庭原因导致的工作转换对养老保险和劳动合同的冲击效应要远小于由单位原因引发的工作转换。企业的解雇或者突发破产、迁址等引发的工作转换是非自愿性的，这些工作转换对农民工来说大多是被迫的而且基本没有多少时间准备，在劳动力市场上的再就业搜寻往往是仓促和不充分的，再次就业时在劳动合同和养老保险保障上的预期会显著降低，甚至低于基于个人或家庭原因的转换者。不过，我们也发现基于单位原因引发的工作转换对收入的负效应要低于基于个人或家庭原因的离职者，这可能是基于个人或家庭原因的离职者往往要退出劳动力市场一段时间，如回家照看家人等，导致工作经历中断，而再次进入劳动力市场时他们会降低收入预期，同时也会损失更多工作经验等人力资本积累。

而不同工作转换原因对自营就业者就业质量的影响，见表6-4。

表6-4　工作转换原因与就业质量：自营就业

	就业质量	收入	养老保险	工作时间
工作原因 （自愿性转换）	0.4562 (0.8580)	-0.1267*** (0.0465)	0.1730 (0.2391)	0.6095 (1.5434)
个人或家庭原因	0.2875 (1.7859)	-0.1874** (0.0917)	-0.2492 (0.7267)	1.0639 (4.6395)
单位原因 （非自愿性转换）	2.1524 (2.9768)	-0.2636** (0.1312)	1.1976** (0.5154)	7.6098** (3.8333)
年龄	0.0417 (0.0436)	-0.0099** (0.0038)	0.0305** (0.0132)	-0.1987 (0.1475)
性别（男=1）	0.0268 (0.6280)	0.0795* (0.0438)	-0.2725 (0.1918)	-1.0355 (1.5007)
受教育年限	0.7817*** (0.1407)	0.0458*** (0.0098)	0.1216*** (0.0401)	-0.6277* (0.3293)
婚姻（已婚=1）	-0.4796 (1.1578)	-0.0707 (0.0814)	0.5162 (0.4216)	2.5501 (2.2000)
培训（有培训经历=1）	2.7684** (1.3027)	0.0872 (0.0579)	0.6022** (0.2652)	2.4746 (1.8430)
外出时间	0.0499 (0.0539)	0.0064 (0.0042)	0.0161 (0.0151)	0.0970 (0.1614)
制造业	4.6451** (1.9748)	0.1454 (0.1462)	-0.0102 (0.4421)	-11.4947*** (3.1788)
建筑业	6.9888*** (1.5923)	0.2467** (0.0988)	-0.0705 (0.5435)	-13.3301*** (2.7283)

续表

	就业质量	收入	养老保险	工作时间
50 人以下企业	-2.3105 (3.1828)	-0.2366 (0.2863)	0.1167 (0.7444)	-11.8946 *** (2.4893)
50~100 人企业	-0.4599 (5.7768)	-0.2662 (0.4452)		
长三角地区	5.2307 *** (0.6998)	0.2449 *** (0.0471)	1.0175 *** (0.1925)	-1.9738 (1.7350)
珠三角地区	5.2672 *** (1.4166)	0.1856 *** (0.0688)	0.6471 ** (0.3281)	-1.5810 (2.4136)
离校成绩	0.0631 (0.4420)	0.0374 (0.0299)		
前份工作收入		0.1420 *** (0.0312)		
前份工作工作时间				0.1873 *** (0.0506)
常数项	11.2269 *** (3.7509)	6.4707 *** (0.3822)	-5.9342 *** (1.0066)	85.9754 *** (6.9819)
N	1680	822	1825	391
R_sq	0.0784	0.1447	0.0601	0.0908
Log pseudolikelihood	—	—	-452.51	—

注：行业以其他行业为参照组，地区以中西部地区为参照组，企业规模以 100 人以上企业为参照组；*、**、*** 分别代表在 10%、5% 和 1% 水平下显著。

在控制初始就业禀赋、个体特征与就业特征后，回归结果发现，对于自雇就业者，由于工作原因（自愿性转换）、个人或家庭原因、单位原因（非自愿性转换）出现的工作转换对就业质量及其各个分指标的影响并不一致。具体来说：工作原因转换、个人或家庭原因转换和单位原因转换对就业质量都产生正效应，但是并不显著。而对于收入来讲，与受雇就业者相同，工作原因转换、个人或家庭原因转换和单位原因转换均对收入产生显著负效应，而工作原因转换对收入的负效应要小于个人或家庭原因和单位原因的转换，同时还发现，单位原因转换对收入的负效应要高于个人或家庭原因的转换，这进一步显示虽然工作转换对自营者收入产生显著负效应，但会因工作转换的自愿程度不同，有较大差异，工作转换自愿程度越高（基于工作原因的转换），收入损失越少。反之，非自愿程度越高，收入损失越多。

（二）行业间转换、行业内转换与就业质量

制造业、服务业和建筑业由于发展模式存在较大差异，导致其从业者的就业状态也存在较大差异。而在分析产业差异对农民工工资的影响时，黄乾（2010）也指出，行业内工作转换和行业间工作转换对农民工工资的影响有较大差异，行业内工作转换对低收入农民工的收入增长有显著的正向影响，对高收入农民工的收入增长有显著的负向影响，而行业间工作转换对所有收入层次的农民工的收入增长均有显著的负向影响。由此，我们进一步把工作转换区分为行业间转换和行业内转换来估计工作转换模式差异对就业质量的影响。估计步骤和估计方法与工作转换原因的估计一致，我们同样控制了离校成绩、初始就业状态等规避不可观测的异质性，同时使用稳健回归来处理异方差问题。表6-5和表6-6分别给出了受雇就业者和自营就业者的估计结果。

表6-5 行业间转换、行业内转换与就业质量：受雇就业者

	就业质量	收入	养老保险	劳动合同	工作时间
行业间转换	-7.5354*** (1.2224)	-0.1274*** (0.0265)	-0.7304*** (0.1833)	-0.9115*** (0.1575)	3.6182*** (1.2202)
行业内转换	-5.6141*** (0.5800)	-0.1086*** (0.0177)	-0.5091*** (0.0863)	-0.6549*** (0.0715)	1.0240 (0.9443)
年龄	-0.0556 (0.0398)	-0.0077*** (0.0011)	0.0035 (0.0055)	-0.0039 (0.0047)	0.0088 (0.0621)
性别（男=1）	1.7921*** (0.5705)	0.1397*** (0.0148)	0.1768** (0.0798)	0.1955*** (0.0677)	1.8067** (0.7501)

续表

	就业质量	收入	养老保险	劳动合同	工作时间
受教育年限	1.6679 ***	0.0220 ***	0.1826 ***	0.1146 ***	-0.7651 ***
	(0.1167)	(0.0033)	(0.0173)	(0.0140)	(0.1461)
婚姻(已婚=1)	2.3524 ***	0.0661 ***	0.4204 ***	0.0005	0.2347
	(0.7590)	(0.0197)	(0.1074)	(0.0901)	(0.9370)
培训(有培训经历=1)	5.4958 ***	0.0712 ***	0.6111 ***	0.3903 ***	-0.3661
	(0.6140)	(0.0143)	(0.0811)	(0.0748)	(0.7304)
外出时间	0.3415 ***	0.0074 ***	0.0421 ***	0.0129 **	0.0033
	(0.0554)	(0.0015)	(0.0078)	(0.0064)	(0.0774)
制造业	3.5122 ***	0.0170	0.3943 ***	0.2568 ***	0.3235
	(0.7700)	(0.0190)	(0.0928)	(0.0904)	(1.0774)
建筑业	-8.1774 ***	0.2767 ***	-1.5748 ***	-0.7390 ***	-0.1666
	(0.8963)	(0.0286)	(0.2010)	(0.1201)	(1.2238)
50人以下企业	-10.0230 ***	-0.0063	-1.2498 ***	-0.7630 ***	4.6053 ***
	(0.6827)	(0.0160)	(0.0931)	(0.0795)	(0.8402)
50~100人企业	-5.1639 ***	0.0290	-0.5247 ***	-0.5064 ***	0.8948
	(0.8670)	(0.0216)	(0.1114)	(0.1010)	(1.0264)
长三角地区	8.1557 ***	0.2066 ***	0.6741 ***	0.6450 ***	-1.5383 *
	(0.6132)	(0.0168)	(0.0885)	(0.0722)	(0.8568)
珠三角地区	9.6743 ***	0.3145 ***	0.6275 ***	0.8528 ***	-1.1152
	(0.7196)	(0.0178)	(0.0999)	(0.0886)	(0.8631)
离校成绩	0.9787 **	0.0313 ***			
	(0.3937)	(0.0097)			
前份工作收入		0.1793 ***			
		(0.0160)			
前份工作劳动合同				1.3935 ***	
				(0.1332)	
前份工作工作时间					0.2794 ***
					(0.0275)
常数项	17.1888 ***	5.6744 ***	-3.5352 ***	-0.8602 ***	44.1157 ***
	(2.1204)	(0.1155)	(0.2676)	(0.2218)	(3.1223)
N	4663	2604	4812	4812	1438
R_sq	0.2654	0.3389	0.1785	0.1275	0.1640
Log pseudolikelihood	—	—	-2219.32	-2887.69	—

注:行业以其他行业为参照组,地区以中西部地区为参照组,企业规模以100人以上企业为参照组;*、**、*** 分别代表在10%、5%和1%水平下显著。

先看行业内转换和行业间转换对受雇就业农民工就业质量的影响。在控制初始就业状态等变量后发现：行业内转换和行业间转换对就业质量指数、收入、养老保险和劳动合同均产生显著负效应，工作转换对就业质量的影响仍显著为负，这个与黄乾（2010）的结论存在一定的差别，特别是行业内转换，本文的估计为负，而黄乾（2010）的估计系数显著为正，这可能与其对于工作转换的定义有关，他主要比较了调查时点农民工的就业状态和初次外出务工就业状态的差异，因而可能会高估了工作转换的跨期影响。不过，本文同样发现，不同的工作转换模式对就业质量的影响存在一定的差异，除工作时间外，行业内转换对收入、劳动合同和养老保险的负效应都要小于行业间转换。这说明，相对于行业间转换来说，行业内转换的农民工工作经验的迁移壁垒相对较小，可以最大限度地消除转换工作对收入带来的负面影响，隔行如隔山，行业间工作转换面临的转换成本相对较大，不利于农民工维持其前期人力资本投资等。而行业内转换对劳动合同和养老保险的负面影响也要小于行业间转换，主要原因可能在于同行业之间转换农民工更了解企业工作待遇和工作条件，这有利于他们选择雇佣管理相对规范的企业来进行转换，同时同行业的工作经验对于企业来说更加重要，就业者可能在短时间内就能达到企业生产经营的要求，所以企业可能会更愿意提供固定或者长期劳动合同给这些行业内转换者。

再看行业间转换和行业内转换对自营就业者就业质量的影响。在其他条件不变的情况下，我们发现，除行业内转换对收入产生显著负效应外，不管是行业间转换还是行业内转换，其转换行为对就业质量指数及收入、养老保险、工作时间等就业质量分指标的影响都不显著，也就是说行业内转换和行业间转换的影响差异并不显著。这可能与自营活动的特点有关，在前文描述性统计中，我们也发现，自营活动所在行业以服务业为主，服务业从业比例为93.5%，而自营活动行业间转换的比例仅有3‰，所以导致最终回归结果都不显著。农民工的自营活动绝大多数存在于服务业中，很难转换到制造业或者建筑业这些资金、技术壁垒较高的行业中去。

表6-6 行业间转换、行业内转换与就业质量：自营就业者

	就业质量	收入	养老保险	工作时间
行业间转换	6.2612 (7.7468)	-0.1148 (0.3133)	1.0339 (1.0564)	1.1640 (3.9150)
行业内转换	0.1250 (0.7758)	-0.1578 *** (0.0445)	0.1446 (0.2252)	0.8211 (1.6200)
年龄	0.0387 (0.0434)	-0.0100 *** (0.0038)	0.0303 ** (0.0132)	-0.1878 (0.1535)
性别(男=1)	0.0154 (0.6265)	0.0800 * (0.0436)	-0.2659 (0.1910)	-1.0174 (1.5077)
受教育年限	0.7827 *** (0.1407)	0.0451 *** (0.0098)	0.1251 *** (0.0405)	-0.6184 * (0.3390)
婚姻(已婚=1)	-0.4304 (1.1633)	-0.0860 (0.0807)	0.5610 (0.4252)	3.0357 (2.1844)
培训(有培训经历=1)	2.8343 ** (1.3069)	0.0823 (0.0577)	0.6102 ** (0.2673)	2.5384 (1.8591)
外出时间	0.0499 (0.0538)	0.0062 (0.0042)	0.0157 (0.0152)	0.0594 (0.1627)
制造业	4.3006 ** (1.9216)	0.1330 (0.1430)	-0.0616 (0.4432)	-11.0421 *** (3.4072)
建筑业	6.6616 *** (1.6797)	0.2262 ** (0.1083)	-0.0774 (0.5670)	-12.7047 *** (2.8120)
50人以下企业	-2.3103 (3.1941)	-0.2337 (0.2876)	0.0317 (0.7123)	-11.4590 *** (2.5228)
50~100人企业	-0.4892 (5.7891)	-0.2534 (0.4428)	— 	—
长三角地区	5.1985 *** (0.6954)	0.2499 *** (0.0467)	0.9996 *** (0.1908)	-2.1024 (1.7379)
珠三角地区	5.3110 *** (1.4222)	0.1863 *** (0.0692)	0.6371 * (0.3308)	-1.4278 (2.5422)

续表

	就业质量	收入	养老保险	工作时间
离校成绩	0.0684 (0.4402)	0.0384 (0.0299)		
前份工作收入		0.1507 *** (0.0314)		
前份工作劳动合同				
前份工作工作时间				0.1878 *** (0.0505)
常数项	11.3542 *** (3.7599)	6.4415 *** (0.3821)	– 5.8833 *** (0.9821)	85.2462 *** (7.2304)
N	1680	822	1825	391
R_sq	0.0793	0.1461	0.0562	0.0858
Log pseudolikelihood	—	—	– 454.36	—

注：行业以其他行业为参照组，地区以中西部地区为参照组，企业规模以 100 人以上企业为参照组；＊、＊＊、＊＊＊分别代表在 10%、5% 和 1% 水平下显著。

（三）城市间转换、城市内转换与就业质量

换工作地点或者新旧工作地点之间距离的差异可能对工资等就业状态产生影响（Romão 等，2001），而国内的研究如谢勇（2009）也指出"在不同城市之间"和"在同一城市的不同单位之间"两种模式对农民工工资水平会带来不同的影响。因此，我们把工作转换分为城市间转换和城市内转换，来考察这两种模式对就业质量的影响差异。对受雇就业和自营就业的估计结果分别如表 6 - 7 和表 6 - 8 所示。

在其他条件不变的情况下，城市间转换和城市内转换对受雇就业者就业质量指数、收入、劳动合同和养老保险均产生显著负效应，转换工作者的就业质量、收入、养老保险参保率和长期或者固定劳动合同签订率都要显著低于未转换者。而从两者的估计系数来看，我们发

表 6 – 7 城市间转换、城市内转换与就业质量：受雇就业者

	就业质量	收入	养老保险	劳动合同	工作时间
城市间转换	– 6. 6502 *** (0. 6464)	– 0. 1170 *** (0. 0184)	– 0. 5850 *** (0. 0996)	– 0. 8259 *** (0. 0827)	2. 1076 ** (0. 9176)
城市内转换	– 4. 7578 *** (0. 7360)	– 0. 1016 *** (0. 0191)	– 0. 4865 *** (0. 1096)	– 0. 4861 *** (0. 0900)	1. 0695 (1. 0426)
年龄	– 0. 0600 (0. 0398)	– 0. 0078 *** (0. 0011)	0. 0034 (0. 0055)	– 0. 0047 (0. 0048)	0. 0204 (0. 0622)
性别(男 = 1)	1. 8874 *** (0. 5720)	0. 1413 *** (0. 0148)	0. 1803 ** (0. 0801)	0. 2117 *** (0. 0680)	1. 6864 ** (0. 7659)
受教育年限	1. 6683 *** (0. 1168)	0. 0222 *** (0. 0032)	0. 1834 *** (0. 0173)	0. 1140 *** (0. 0141)	– 0. 7663 *** (0. 1457)
婚姻(已婚 = 1)	2. 3391 *** (0. 7594)	0. 0663 *** (0. 0197)	0. 4199 *** (0. 1074)	– 0. 0014 (0. 0902)	0. 2149 (0. 9378)
培训(有培训经历 = 1)	5. 5203 *** (0. 6144)	0. 0717 *** (0. 0143)	0. 6127 *** (0. 0811)	0. 3960 *** (0. 0750)	– 0. 4115 (0. 7297)
外出时间	0. 3436 *** (0. 0556)	0. 0074 *** (0. 0015)	0. 0420 *** (0. 0078)	0. 0137 ** (0. 0065)	0. 0044 (0. 0781)
制造业	3. 2216 *** (0. 7442)	0. 0120 (0. 0173)	0. 3631 *** (0. 0896)	0. 2213 ** (0. 0865)	1. 5791 * (0. 8999)
建筑业	– 8. 4502 *** (0. 8567)	0. 2709 *** (0. 0266)	– 1. 6062 *** (0. 1983)	– 0. 7691 *** (0. 1167)	0. 9827 (1. 0723)
50 人以下企业	– 10. 0147 *** (0. 6821)	– 0. 0057 (0. 0161)	– 1. 2506 *** (0. 0932)	– 0. 7654 *** (0. 0795)	4. 6014 *** (0. 8404)
50 ~ 100 人企业	– 5. 1738 *** (0. 8664)	0. 0292 (0. 0216)	– 0. 5238 *** (0. 1113)	– 0. 5105 *** (0. 1010)	0. 9184 (1. 0289)
长三角地区	8. 1749 *** (0. 6133)	0. 2068 *** (0. 0168)	0. 6781 *** (0. 0885)	0. 6509 *** (0. 0722)	– 1. 5389 * (0. 8579)
珠三角地区	9. 6521 *** (0. 7188)	0. 3144 *** (0. 0178)	0. 6286 *** (0. 0998)	0. 8510 *** (0. 0885)	– 1. 0817 (0. 8628)
离校成绩	0. 9693 ** (0. 3939)	0. 0311 *** (0. 0097)			
前份工作收入		0. 1789 *** (0. 0160)			
前份工作劳动合同				1. 3897 *** (0. 1319)	

续表

	就业质量	收入	养老保险	劳动合同	工作时间
前份工作工作时间					0.2791 *** (0.0277)
常数项	17.3691 *** (2.1183)	5.6778 *** (0.1150)	-3.5303 *** (0.2675)	-0.8350 *** (0.2223)	43.3189 *** (3.1185)
N	4663	2604	4812	4812	1438
R_sq	0.2658	0.3389	0.1784	0.1286	0.1626
Log pseudolikelihood	—	—	-2219.66	-2884.07	—

注：行业以其他行业为参照组，地区以中西部地区为参照组，企业规模以100人以上企业为参照组；*、**、*** 分别代表在10%、5%和1%水平下显著。

现城市间转换和城市内转换对就业质量的影响存在一定差异，城市内转换者的就业质量指数比未转换者低4.76，而城市间转换者的就业质量指数比未转换者要低6.65，城市内转换对就业质量的负面影响要小于城市间转换。同样对于收入来讲，城市间转换者的收入比未转换者低11.04%，而城市内转换者的收入比转换者低9.66%，城市内转换的收入损失更小。最后，我们比较两者对养老保险和劳动合同的影响差异，我们通过计算边际效应发现，其中对于养老保险参保率，城市间转换者比未转换者低约8.38个百分点，而城市内转换者比未转换者低约6.91个百分点。而对于固定或者长期劳动合同的签订率，城市间转换者比未转换者低约20.35%，而城市内转换者比未转换者仅低约12.07%。同样我们发现，城市间转换者工作时间要显著高于未转换者，高约2.11个小时，而城市内转换者工作时间也比未转换者高，但并不显著。

而对于城市间转换、城市内转换对自营就业者就业质量的影响，我们发现，在控制初始就业状态及个体特征、工作特征后，城市间转换和城市内转换对就业质量、养老保险和工作时间的影响并不显著，这可能与自营就业者本身养老保险参保率偏低，而且工作时间偏长有

表 6 - 8　城市间转换、城市内转换与就业质量：自营就业者

	就业质量	收入	养老保险	工作时间
城市间转换	- 0.2901 （0.9375）	- 0.1659 *** （0.0512）	- 0.0425 （0.2936）	1.1753 （1.7614）
城市内转换	1.0882 （1.2011）	- 0.1420 ** （0.0566）	0.4207 （0.2980）	- 0.0941 （2.2275）
年龄	0.0370 （0.0435）	- 0.0101 *** （0.0039）	0.0295 ** （0.0132）	- 0.1712 （0.1508）
性别（男 = 1）	0.0671 （0.6296）	0.0812 * （0.0435）	- 0.2524 （0.1919）	- 1.1184 （1.5259）
受教育年限	0.7801 *** （0.1401）	0.0448 *** （0.0099）	0.1242 *** （0.0404）	- 0.5861 * （0.3331）
婚姻（已婚 = 1）	- 0.4304 （1.1547）	- 0.0860 （0.0805）	0.5663 （0.4233）	2.9220 （2.1834）
培训（有培训经历 = 1）	2.8842 ** （1.3114）	0.0837 （0.0581）	0.6268 ** （0.2684）	2.4663 （1.8256）
外出时间	0.0516 （0.0539）	0.0063 （0.0042）	0.0163 （0.0152）	0.0534 （0.1599）
制造业	4.5789 ** （1.9751）	0.1362 （0.1455）	- 0.0250 （0.4427）	- 10.3522 *** （2.8688）
建筑业	7.0230 *** （1.5956）	0.2314 ** （0.0989）	0.0013 （0.5276）	- 12.5782 *** （2.5817）
50 人以下企业	- 2.2519 （3.1804）	- 0.2341 （0.2877）	0.0224 （0.7083）	- 11.3286 *** （2.4743）
50 ~ 100 人企业	- 0.4591 （5.7697）	- 0.2568 （0.4437）	—	—
长三角地区	5.1664 *** （0.7025）	0.2485 *** （0.0473）	0.9883 *** （0.1924）	- 2.0218 （1.7124）
珠三角地区	5.2293 *** （1.4281）	0.1846 *** （0.0693）	0.6250 * （0.3313）	- 1.4214 （2.5214）
离校成绩	0.0618 （0.4381）	0.0386 （0.0299）		
前份工作收入		0.1513 *** （0.0315）		
前份工作工作时间				0.1865 *** （0.0505）

续表

	就业质量	收入	养老保险	工作时间
常数项	11.3406***	6.4411***	−5.8587***	84.5662***
	(3.7541)	(0.3822)	(0.9848)	(7.1048)
N	1680	822	1825	391
R_sq	0.0791	0.1462	0.0572	0.0865
Log pseudolikelihood	—	—	−453.90	—

注：行业以其他行业为参照组，地区以中西部地区为参照组，企业规模以100人以上企业为参照组；*、**、***分别代表在10%、5%和1%水平下显著。

关，工作转换并不能改变他们的自营活动特征，所以对养老保险和工作时间的影响并没有表现出统计显著性。同时，我们也发现，城市间转换和城市内转换对自营者收入均产生了显著负效应，而且两种转换模式对收入的影响有一定差异。从系数来看，城市间转换将导致收入降低约15.29%，而城市内工作转换收入降低幅度为13.24%，略低于前者，说明城市内的自营活动转换对自营者收入的负面影响要略小于城市间自营活动转换，这可以解读为：自营就业者在城市内进行自营活动转换时掌握的市场信息可能会高于在不同城市之间进行转换时所掌握的信息，因为在同一个城市转换可能更便于获得市场信息，可以降低转换自营活动的损失。

四 本章小结

本章利用 RUMIC 2009 数据，根据职业转换类型不同，分为：一是根据流动原因不同，分为工作原因转换、个人或家庭原因转换与单位原因转换；二是根据转换行业不同，分为行业内转换与行业间转换；三是根据转换城市差异，分为城市内转换与城市间转换。考察不同转换类型对就业质量的影响差异。

对受雇就业而言，在控制个体特征、工作特征和初始就业质量禀赋后，发现：不管是什么原因的工作转换，均对就业质量及其分指标收入、劳动合同和养老保险产生显著负效应，转换者的就业质量指数、收入水平、长期或者固定劳动合同签订率以及养老保险参保率均显著低于未转换者。这说明工作转换对于受雇就业者就业质量提升反而有负面影响。不过，不同的工作转换类型，对就业质量的负面冲击还有较大差异，从估计系数来看，由于工作原因产生的工作转换对就业质量的冲击最小，这说明以提升工作地位为目的的自愿性工作流动虽然对就业质量产生一定的负面冲击，但这个负面冲击最小。而个人或家庭原因和单位原因的工作转换对就业质量的冲击有所差异，个人或家庭原因的工作转换对养老保险和劳动合同的负面冲击效应要远小于由单位原因引发的工作转换。

对自营就业者而言，在控制初始就业禀赋、个体特征与就业特征后，由于工作原因、个人或家庭原因、单位原因出现的工作转换对就业质量及其各个分指标的影响并不一致。具体来说：工作原因转换、个人或家庭原因转换和单位原因转换对就业质量都产生正效应，但是并不显著。而对收入来讲，工作原因转换、个人或家庭原因转换和单位原因转换均对收入产生显著负效应，而工作原因转换对收入的负效应要小于个人或家庭原因转换和单位原因转换，这进一步显示虽然工作转换对自营者收入产生显著负效应，但会因工作转换的自愿程度不同，有较大差异，工作转换自愿程度越高（基于工作原因的转换），收入损失越少。反之，非自愿程度越高，收入损失越多。

再看行业内转换和行业间转换对受雇就业农民工就业质量的影响。在控制初始就业状态等变量后，行业内转换和行业间转换对受雇就业者就业质量指数、收入、养老保险和劳动合同均产生显著负效应，工作转换对就业质量的影响显著为负。不同的工作转换模式对就业质量的影响存在一定的差异，除工作时间外，行业内转换对收入、劳动合同和养老保险的负效应都要小于行业间转换。但行业内转换和行业间转换对自营就业者就业质量指数、收入、养老保险和工作时间的影响大多不显著。

再者，考察行业间转换和行业内转换对自营就业者就业质量的影响。在其他条件不变的情况下，我们发现，除行业内转换对收入产生显著负效应外，不管是行业间转换还是行业内转换，其转换行为对就业质量指数及收入、养老保险、工作时间等就业质量子指标的影响都不显著，也就是说行业内转换和行业间转换的影响差异并不显著。

城市间转换和城市内转换对受雇就业者就业质量指数、收入、劳动合同和养老保险均产生显著负效应，转换工作者的就业质量、收入、养老保险参保率和长期或者固定劳动合同签订率都要显著低于未转换工作者。而从两者的估计系数来看，城市内转换对就业质量的负面影响要小于城市间转换，同样对于收入、养老保险和长期或者固定劳动合同签订率来讲，城市内转换者的损失都要小于城市间转换者。而对于城市间转换、城市内转换对自营就业者就业质量的影响，我们发现，在控制初始就业状态及个体特征、工作特征后，城市间转换和城市内转换对其就业质量、养老保险和工作时间的影响并不显著，而两种转换模式对自营者收入均产生了显著负效应且存在一定差异，城市内工作转换带来的收入损失略低于城市间工作转换带来的收入损失。

第七章　工作转换与职业流动、
人力资本投资回报

一　引言

工作转换同时会伴随职业流动，是搜寻更高质量的职业匹配的结果（Jovanovic，1979），Sicherman 和 Galor（1990）也认为工作转换可能是一个积极的职业生涯变化，一般而言，人们会流向更高序列的职业。不过，Groes 等（2014）也指出，对大多数职业来讲，低工资工人和高工资工人离开当前职业的可能性都比较高，低收入者一般转换到平均工资较低的职业，而高收入者一般转换到平均工资较高的职业。当一个职业相对劳动力需求急剧下降时，高工资工人倾向于离开，而当一个职业相对劳动力供给急剧上升时，低工资工人倾向于离开。

而对于处于劳动力市场底层的移民来讲，其工作转换带来的职业流动则有显著不同。对于移民职业流动一般都认为，职业流动呈现"U"形特征，移民初期会遭遇一个向下的职业流动，不过会随着在输入地停留时间的增加而逐步提升（Chiswick，Lee & Miller，2005）。

Chiswick（1977）的研究指出，美国移民普遍存在向下职业流动，而 Weiss 等（2003）、Eckstein 和 Weiss（1998）分析了从苏联到以色列的犹太移民的职业流动，他们的研究结果显示，这些移民在到达以色列的第一年会遭遇一个真实的向下职业流动（在以色列高技能人才存在高失业率的情况下），但是，随着在以色列居住时间的增加，移民能够进行向上职业流动。Longhi 和 Taylor（2013）比较了在职的搜寻者与失业后的求职者的职业变动差异，发现两者之间的职业流动方向完全不同。在职的搜寻者更有可能转换到平均工资高于前一份职业的工作，而失业后的求职者，则更可能转换到低报酬职业，因此，在职搜寻者从职业流动中受益，其工资增长前景变好，而对失业的求职者而言，职业变动对未来工资增长有消极影响，而且如果在职搜寻者与失业后的求职者没有能力差异，仅仅是当前就业状态不同，则工人应当尽量避免失业。笔者在分析职业变动时，考察的是职业序列向上还是向下的变化，而不是观察个体工资的变化，对职业序列的排序是基于该职业的平均支付工资，职业层级向上流动，预期未来的工资上升，即使暂时的工资降低了，也认为职业发生了向上流动。如从服务员等低层级职业上升到专业技能人员等高层级的职业，即认为职业发生了向上流动。

而 Bauer 等（1999）对德国外裔移民的职业流动的研究也发现，移民存在向下职业流动，向下职业流动的可能性由于性别、迁移状态以及受教育程度不同而有较大差别，而高技能移民在迁移初期会面临较大的劳动力市场职位恶化可能，但相对于低技能移民，他们也会更快地恢复到原来的职业地位。同时，这些研究也都发现，随着在输入地居住时间的增加，移民可能实现一种向上的职业流动（Chiswick，1977；Eckstein & Weiss，1998；Bauer et al.，1999），逐步实现与当地居民的融合。人力资本模型的解释是，起初新移民拥有的技能是在输出国获得的，这些技能在流入地并不一定能得到全部回报，因为人力资本投资的国家特性，使其短期内很难在两个国家之间转换。因此，认为移民的职业流动具有"U"形特征，这一特征会因移民的国别差异而有所区别，如 Chiswick 等（2005）和 Akresh（2006）指出如果移民来自发达国家，他们的职业流动的"U"形特征会更平坦，而来自发展中国家的移民职业流动的"U"形特征则会更陡峭，因为移民的技能有很强的国家特性，输出地与输入地之间的差距越小，移民技能随之迁移的可能性越高。不过，Simón 等（2010）对西班牙移民的职业流动研究则显示，移民在西班牙会经历较强的向下职业流动（相对于母国的职业），这与他们进入劳动力市场初期遭遇向下的职业流动并且在后期很难提升有关。

而我们也看到，前文的计量分析结果也显示，农民工工作转换并没有带来相应的就业质量提高，究竟是什么原因呢？这可能与移民一样，其工作转换并没有带来职业的向上流动，以至于无法提升就业质量。张广胜、韩雪（2014）利用在沈阳的农村劳动人口就业的调研，发现进城务工人口的职业流动大部分是平行流动，现职就业与初职就业的关系较大。李强（1999）的研究就指出，中国大陆的农民工是一个职业流动相当频繁的群体。不过，职业流动对职业地位的影响有较大差别，农民工的初次职业流动（农村职业转换到城镇职业）实现了职业地位的较大上升，不过农民工的再次职业流动（城镇工作转换）却基本上是水平流动，没有地位上升。农民工再次职业流动地位未能上升的主要原因在于，他们缺少地位积累、地位继承和社会资源。农民工工作转换并没有带来职业地位的上升，这可能与工作转换的成因有关，因为城乡分割的户籍制度，是农民工频繁变换工作的关键因素（Knight et al.，2004；张春泥，2011），户籍制度把农民工束缚在次要劳动力市场上，农民工在城市中难以获得好的工作机会，农民工自身期望与工作实际情况的匹配程度较低。农民工虽然能够实现工作转换，但是不能突破这一壁垒，反而因为频繁的工作流动导致人力资本流失，降低其职业地位。

而工作转换使得不同受教育程度者的职业流动趋势及获得的经济回报也不同。柳延恒（2014）依据新生代农民工的收入变化：工资上升、不变与下降，对应到职业流动方向：向上流动、水平流动与向下流动，采用 Ordered Logit 模型测量新生代农民工再次职业流动方向变化，认为人力资本提升有助于农民工实现职业向上流动。而吴克明、成刚（2008）表示，工作转换扩大了不同受教育程度流动者之间的收入差距，也就是说，工作转换提高了教育收益率。因此，本章将通过实证检验农民工再次流动的职业流动方向，是否存在移民职业流动"U"形特征，即转换初期出现职业向下流动，而随着时间推移，逐步实现职业向上流动。同时，考察工作转换是否提升了流动者的人力资本回报。采用中国城乡劳动力流动调查（Rural Urban Migration in China，RUMIC），进一步探讨工作转换对农民工职业流动方向、人力资本回报等的影响，揭示工作转换未能提升就业质量的根本原因。

二 工作转换与职业流动

（一）模型设定

本部分重点讨论工作转换对农民工职业流动的影响，参考 Bauer 等（1999）的思路，我们把农民工职业按照技能水平分为三类：非技能工人（Unskilled）、技能工人（Skilled）和专业技术人才（Professional），这三类职业构成排序变量，其中非技能工人 = 1，技能工人 = 2，专业技术

人才 $=3$，被解释变量构成了一个序列选择模型，在回归中使用 Panel Order Logit 模型来实现：

$$y_{it}^* = \rho turnover_{it} + w_{it}\gamma + z_i\delta + g_t\theta + c_i + u_{it} \tag{1}$$

其中 y_{it}^* 不可观测，其选择规则为：

$$y_{it} = \begin{cases} 1, if\ y_i^* \le \kappa_1 \\ 2, if\ \kappa_1 < y_i^* \le \kappa_2 \\ 3, if\ y_i^* > \kappa_2 \end{cases} \tag{2}$$

其中 y_{it} 为个体 i 在 t 期的职业情况，而 $turnover_{it}$ 为研究主要关注的解释变量：工作转换，$turnover_{it}$ 为虚拟二值变量，其中出现工作转换为 1，没有发生工作转换为 0，w_{it} 为时变变量（年龄、外出时间等），g_t 为时间虚拟变量，z_i 为非时变变量（性别、受教育程度等），不可观测的个体异质性，用 c_i 来表示，u_{it} 为时变误差项（Idiosyncratic Errors）。

另外，在职业流动方面，我们同时估计了工作转换对自营活动参与、是否选择在服务业就业的影响，其中自营活动参与和服务业就业选择均为二值变量，满足下列非线性方程：

$$y_{it}^* = \rho turnover_{it} + w_{it}\gamma + z_i\delta + g_t\theta + c_i + u_{it}, t = 1, \cdots, T \tag{3}$$

其中 y_{it}^* 不可观测，其选择规则为：

$$y_{it} = \begin{cases} 1, if\ y_{it}^* > 0 \\ 0, if\ y_{it}^* \le 0 \end{cases} \quad t = 1, \cdots, T \tag{4}$$

如果 $u_{it} \mid (x_{it}, c_i) \sim normal(0,1)$ 则可通过 Probit 来进行估计：

$$p(y_{it} = 1 \mid x_{it}, c_i) = \phi(\rho turnover_{it} + w_{it}\gamma + z_i\delta + g_t\theta + c_i + u_{it}), t = 1, \cdots, T \tag{5}$$

其中 x_{it} 为 $1 \times k$ 维变量，包括时变变量和非时变变量及主要关注变量。

（二）数据说明

数据来源于中国城乡劳动力流动调查（Rural Urban Migration in China，RUMIC）。我们的面板数据为 2008～2010 年三年的外来务工人员数据，考虑到追踪效果，在数据清理时仅保留两个或者两个以上时点的样本。

根据问卷的职业划分，我们把专业技术人员、管理人员、私营老板、个体户归为专业技术人才，而把一般工作人员（白领）、商贩、理发师、美容师、导游、修车人员、家庭维修人员、厨师、司机、其他维修服务人员归为技能工人，其他职业人员为非技能工人。是否从事自营就业的定义直接来自问卷"请调查员根据受访者当前主要工作的性质来判别受访者目前的主要工作是自我经营还是工资性工作"，"是否选择在服务业就业"，定义为"服务业就业＝1，其他＝0"。表7-1给出了工作转换与职业流动、自营就业转换及行业转换的均值检验。

表 7 - 1　工作转换与职业流动、自营就业、服务业就业：均值检验

	职业流动	自营就业	服务业就业
总样本	1.602	0.3776	0.8044
未转换工作	1.623	0.4006	0.8010
转换工作	1.464	0.2268	0.8268
均值差	- 0.1584 ***	- 0.1738 ***	0.0258 *

注：*、**、*** 分别代表在 10%、5% 和 1% 水平下显著。

农民工样本平均职业流动数值为 1.602，在 1～3，说明农民工大多数界于非技能工人与技能工人之间。从未转换工作与转换工作的样本均值差来看，相比未转换者，工作转换者的职业地位更低，说明工作转换导致转换者职业向下流动。工作转换者从事自营活动（创业）的可能性也要显著低于未转换者，说明工作转换降低了自营活动参与

率。从就业行业的选择来看，转换者进入服务业的概率要稍高于未转换者，说明工作转换者更多地从事服务业领域的工作。

（三）工作转换与职业流动、自营就业、服务业就业

表7-2给出了工作转换与职业流动、自营就业、服务业就业的估计结果，其中对于职业流动的估计采用方程（1），而对于创业转换和行业转换的估计采用方程（5）。从模型检验来看，职业流动估计方程、创业转换估计方程和行业转换估计方程都通过了系数整体性检验（Wald test），而职业流动估计方程在1%的显著水平上通过了LR test vs. ologit regression检验，说明面板Order logit估计要优于截面Order logit估计，而创业转换和行业转换估计方程也均在1%的显著水平上通过了Likelihood-ratio test，说明选择面板Probit估计是合适的。

表7-2　工作转换与职业流动、自营就业、服务业就业：估计结果

	职业流动 （Panel Order Logit）	自营就业 （Panel Probit）	服务业就业 （Panel Probit）
工作转换（转换=1）	-0.2602 ** （0.1026）	-0.1166 （0.1175）	0.1924 （0.1238）
年龄	-0.0201 *** （0.0061）	0.0170 ** （0.0079）	-0.0170 ** （0.0084）
性别（男=1）	0.1954 ** （0.0856）	0.2839 ** （0.1117）	-0.9002 *** （0.1234）
受教育年限	0.0163 （0.0193）	-0.1015 *** （0.0245）	-0.0214 （0.0253）
婚姻（已婚=1）	0.5101 *** （0.1116）	1.3958 *** （0.1911）	-0.1949 （0.1496）
培训（有培训经历=1）	0.0425 （0.0833）	-0.6216 *** （0.1152）	0.1934 * （0.1084）
外出时间	0.0254 *** （0.0079）	0.0337 *** （0.0101）	0.0043 （0.0107）

续表

	职业流动 （Panel Order Logit）	自营就业 （Panel Probit）	服务业就业 （Panel Probit）
制造业	-0.9972 *** （0.1472）	-1.0075 *** （0.1944）	—
建筑业	-1.3032 *** （0.2345）	-1.3191 *** （0.2230）	
50 人以下企业	0.9546 *** （0.1108）	3.0915 *** （0.2729）	2.1098 *** （0.1295）
50～100 人企业	0.1029 （0.1468）	0.7487 ** （0.3055）	0.6941 *** （0.1385）
长三角地区	0.2861 *** （0.0943）	-0.0658 （0.1221）	-0.6037 *** （0.1252）
珠三角地区	-0.1517 （0.1516）	-1.6104 *** （0.2211）	-1.0980 *** （0.1725）
2009 年	-0.0454 （0.0650）	0.3378 *** （0.0704）	0.0314 （0.0719）
2010 年	-0.0281 （0.0842）	0.3561 *** （0.0898）	0.0926 （0.0954）
常数项	— —	-4.3899 *** （0.4711）	2.1530 *** （0.4082）
Log pseudolikelihood	-5266.1	-2227.7	-1948.5
Wald test	308.9 ***	565.5 ***	447.8 ***
Likelihood - ratio test	—	837.32 ***	715.60 ***
LR test vs. ologit regression	284.4 ***	—	—
样本数	5934	5950	5950

注：行业以其他行业为参照组，地区以中西部地区为参照组，企业规模以 100 人以上企业为参照组；*、**、*** 分别代表在 10%、5% 和 1% 水平下显著。

首先看工作转换对职业流动的影响。在控制其他因素的情况下，工作转换对职业流动产生显著负效应，工作转换导致农民工的职业出现显著的向下流动，这与国外移民职业流动"U"形分布前半部分类似，工作转换行为对农民工职业地位提升作用有限，反而导致其职业地位下降，这与李强（1999）的结论一致，可能是由于农民工工作转换只是水平方向的职业流动甚至是向下职业流动，无法提升其职业地位。这可以利用分割劳动力市场理论（Segmented Labor Market Theory）来解释，城市存在两个独立分割的劳动力市场——主要劳动力市场和次要劳动力市场，农民工大多处于次要劳动力市场上，农民工进入市场之后因制度障碍产生了机会的不平等，从而带来了工资的不平等，而户籍等制度壁垒造成了劳动力流动障碍，特别是从次要劳动力市场转向主要劳动力市场的机会，这使得农民工就业市场永远无法出清，虽然农民工试图通过频繁转换工作来提升自己的就业地位（Knight et al.，2004；张春泥，2011），但分割劳动力市场制度将农民工束缚在次要劳动力市场上，农民工在城市中难以获得好的就业机会，农民工自身期望与工作实际情况的匹配程度较低，农民工虽然能够实现工作转换，但是仍不能突破这一壁垒，很难进入主要劳动力市场，也就失去了实现职业向上流动的空间，所以其频繁的工作转换反而带来向下的职业流动。

考察工作转换对自营转换和行业转换的影响，发现工作转换对自营就业选择产生负效应，对服务业行业就业选择产生正效应，但不显著。这说明，相对于未转换者，转换者从事自营活动的可能性更低。而工作转换者从事服务业的可能性要高于未转换者，但这两者均不显著。

移民职业流动的研究一般都显示，职业流动呈现"U"形特征，在初期会经历一个向下的职业流动，不过随着停留时间的增加会逐步实现职业的向上流动。为此，我们在方程中放入了"调查期前1~5年是否发生工作转换"变量，来考察农民工的职业流动是否有跨期效应，即职业流动是否呈现"U"形特征。估计结果如表7-3所示，结果显示，调查期当年的工作转换对职业流动依然产生显著的负效应，而在调查前一年、前三年发生的工作转换同样对职业流动产生显著的负效应，调查期前四年的工作转换对职业流动产生了正效应，但这个效应并不明显，说明农民工的工作转换没有产生职业变动"U"形特征，但有一定的跨期效应。

而自营就业选择和服务业就业选择同样不存在"U"形趋势，调查期前一年的转换、调查期前三年的转换、调查期前四年的转换、调查期前五年的转换均对自营活动选择产生显著负效应，说明工作转换的资金与技术积累没有对创业选择产生积极影响。而调查期前一年的转换、调查期前两年的转换和调查期前五年的转换对服务业就业选择均产生了显著正效应（见表7-3）。

表7-3 工作转换与职业流动、自营就业、服务业就业：跨期效应

	职业流动	自营就业	服务业就业
调查期当年转换(t)	-0.3382***	-0.2730**	0.3574***
	(0.1111)	(0.1279)	(0.1365)
调查期前一年转换(t-1)	-0.3019**	-0.2927*	0.3697**
	(0.1366)	(0.1495)	(0.1536)
调查期前两年转换(t-2)	-0.0979	-0.2433	0.4059**
	(0.1447)	(0.1651)	(0.1638)
调查期前三年转换(t-3)	-0.3404**	-0.3039*	0.1608
	(0.1568)	(0.1813)	(0.1863)
调查期前四年转换(t-4)	0.1623	-0.4458***	0.2673
	(0.1433)	(0.1565)	(0.1831)
调查期前五年转换(t-5)	-0.0893	-0.3663*	0.3521*
	(0.1673)	(0.1914)	(0.1992)
年龄	-0.0219***	0.0137*	-0.0145*
	(0.0062)	(0.0079)	(0.0085)
性别(男=1)	0.1865**	0.2755**	-0.8841***
	(0.0857)	(0.1106)	(0.1233)
受教育年限	0.0176	-0.0985***	-0.0227
	(0.0192)	(0.0243)	(0.0252)

续表

	职业流动	自营就业	服务业就业
婚姻(已婚=1)	0.5099 *** (0.1117)	1.3983 *** (0.1889)	-0.1865 (0.1497)
培训(有培训经历=1)	0.0511 (0.0831)	-0.6133 *** (0.1145)	0.1823 * (0.1084)
外出时间	0.0263 *** (0.0079)	0.0368 *** (0.0100)	0.0016 (0.0108)
制造业	-0.9993 *** (0.1470)	-1.0195 *** (0.1912)	—
建筑业	-1.3177 *** (0.2340)	-1.3431 *** (0.2212)	—
50 人以下企业	0.9477 *** (0.1110)	3.0547 *** (0.2662)	2.1316 *** (0.1307)
50～100 人企业	0.1005 (0.1469)	0.7438 ** (0.3004)	0.7034 *** (0.1389)
长三角地区	0.2766 *** (0.0941)	-0.0689 (0.1205)	-0.5862 *** (0.1255)
珠三角地区	-0.1406 (0.1514)	-1.5700 *** (0.2190)	-1.1075 *** (0.1729)
2009 年	-0.0453 (0.0650)	0.3410 *** (0.0705)	0.0281 (0.0723)
2010 年	-0.0351 (0.0847)	0.3584 *** (0.0902)	0.1001 (0.0961)
常数项		-4.1885 *** (0.4641)	1.9621 *** (0.4106)
Log pseudolikelihood	-5260.3	-2222.0	-1943.1
Wald test	324.8 ***	576.5 ***	449.2 ***
Likelihood-ratio test	275.3 ***	—	709.6 ***
LR test vs. ologit regression	—	814.2 ***	—
样本数	5934	5950	5950

注：行业以其他行业为参照组，地区以中西部地区为参照组，企业规模以100人以上企业为参照组；＊、＊＊、＊＊＊分别代表在10%、5%和1%水平下显著。

由表7-3可以看出，工作转换对职业流动、创业转换（自营就业选择）及行业转换（服务业就业选择）会产生一定的跨期效应，将滞后2期以内的工作转换与调查期当年转换合并为一项来处理跨期效应（简称定义2），进一步验证回归结果的稳健性，估计方法和步骤与当期工作转换（简称定义1）相同，估计结果如表7-4所示。从回归结果来看，工作转换对职业流动的影响仍显著为负，只是工作转换对职业流动的冲击（-0.2359）要略小于定义1（-0.2602），而工作转换对自营活动（创业）的影响为负，但也不显著，与定义1的估计结果近似。不过，工作转换对于服务业就业选择的影响却显著为正，与定义1略有不同，说明前期工作转换者选择在服务业就业的意愿更强。

表7-4　工作转换与职业流动、自营就业、服务业就业：稳健检验

	职业流动	自营就业	服务业就业
工作转换定义2(转换=1)	-0.2359 *** (0.0878)	-0.1498 (0.1021)	0.2994 *** (0.1046)
年龄	-0.0209 *** (0.0061)	0.0163 ** (0.0079)	-0.0157 * (0.0085)
性别(男=1)	0.1857 ** (0.0857)	0.2756 ** (0.1110)	-0.8843 *** (0.1234)
受教育年限	0.0175 (0.0192)	-0.1002 *** (0.0244)	-0.0223 (0.0253)
婚姻(已婚=1)	0.5087 *** (0.1116)	1.3887 *** (0.1901)	-0.1818 (0.1498)
培训(有培训经历=1)	0.0511 (0.0831)	-0.6155 *** (0.1147)	0.1824 * (0.1088)
外出时间	0.0257 *** (0.0079)	0.0336 *** (0.0100)	0.0037 (0.0107)
制造业	-1.0020 *** (0.1469)	-1.0111 *** (0.1926)	—
建筑业	-1.3093 *** (0.2343)	-1.3224 *** (0.2215)	—

续表

	职业流动	自营就业	服务业就业
50 人以下企业	0.9404 ***	3.0730 ***	2.1279 ***
	(0.1107)	(0.2717)	(0.1314)
50~100 人企业	0.0946	0.7412 **	0.7089 ***
	(0.1463)	(0.3042)	(0.1382)
长三角地区	0.2832 ***	-0.0685	-0.5942 ***
	(0.0941)	(0.1214)	(0.1253)
珠三角地区	-0.1456	-1.5948 ***	-1.1057 ***
	(0.1514)	(0.2201)	(0.1730)
2009 年	-0.0398	0.3366 ***	0.0325
	(0.0648)	(0.0699)	(0.0719)
2010 年	-0.0280	0.3486 ***	0.1065
	(0.0839)	(0.0894)	(0.0954)
常数项		-4.3209 ***	2.0336 ***
		(0.4690)	(0.4103)
Log pseudolikelihood	-5265.3	-2227.0	-1945.3
Wald test	310.3 ***	570.9 ***	449.3 ***
Likelihood-ratio test	280.1 ***	—	715.2 ***
LR test vs. ologit regression	—	823.15 ***	—
样本数	5934	5950	5950

注：行业以其他行业为参照组，地区以中西部地区为参照组，企业规模以 100 人以上企业为参照组；*、**、*** 分别代表在 10%、5% 和 1% 水平下显著。

三 工作转换与人力资本回报差异

（一）模型设定

工作转换对不同人力资本禀赋回报的影响不同，不过，工作转换大多是选择性行为，从工作转换的原因可以看出，以工作为目的的主动工作转换占多数（约 71.65%），直接采用 OLS 估计必然会产生估计偏差，得到有偏估计参数。而处理组选择的内生性问题，可以通过内生转置模型（Endogenous Switching Regression）来解决：

$$I_i = 1 \qquad if \ \gamma Z_i + u_i > 0 \qquad\qquad (6)$$

$$I_i = 0 \qquad if \ \gamma Z_i + u_i \leq 0 \qquad\qquad (7)$$

$$regime1: \ y_{1i} = \alpha_1 + \beta_1 X_{1i} + \varepsilon_{1i} \quad if \ I_i = 1 \qquad (8)$$

$$regime2: \ y_{2i} = \alpha_2 + \beta_2 X_{2i} + \varepsilon_{2i} \quad if \ I_i = 0 \qquad (9)$$

其中，I_i 为农民工组别（regime）决定方程（即是否进行了工作转换），regime1 为处理组，regime2 为控制组，Z_i 为影响劳动力外出的因素，X_{1i}、X_{2i} 分别为影响转换工作者和未转换工作者收入的关键变量，u_i、ε_{1i}、ε_{2i} 为均值为 0 的方差。方程协方差矩阵表示如下：

$$\Omega = \begin{bmatrix} \sigma_u^2 & \sigma_{1u} & \sigma_{2u} \\ \sigma_{1u} & \sigma_1^2 & \cdot \\ \sigma_{2u} & \cdot & \sigma_2^2 \end{bmatrix}$$

其中，σ_u^2 为选择方程误差项的方差，σ_1^2 和 σ_2^2 分别为 regime1 和 regime2 的方程。σ_{1u} 为 u_i 和 ε_{1i} 的协方差，σ_{2u} 为 u_i 和 ε_{2i} 的协方差。

假定 $\sigma_u^2 = 1$，模型可以通过非线性求解识别，方程（3）、（4）的似然函数可写为：

$$\ln L = \Sigma I_i \{ \ln[F(\eta_{1i})] + \ln[f(\varepsilon_{1i}/\sigma_1)/\sigma_1] \} + (1 - I_i) \qquad (11)$$
$$\{ \ln[1 - f(\eta_{2i})] + \ln[f(\varepsilon_{2i}/\sigma_2)/\sigma_2] \}$$

其中 F 为累积正态分布函数，f 为正态密度分布函数，

$$\eta_{ji} = \frac{(\gamma Z_i + \rho_j \varepsilon_{ji}/\sigma_j)}{\sqrt{1 - \rho_j^2}} \quad j = 1, 2 \qquad (12)$$

而 $\rho_1 = \sigma_{1u}^2/\sigma_u\sigma_1$ 为 u_i 和 ε_{1i} 的相关系数，$\rho_2 = \sigma_{2u}^2/\sigma_u\sigma_2$ 为 u_i 和 ε_{2i}

的相关系数。在估计结果中，如果 ρ_1（或者 ρ_2）显著，说明 regime1（或者 regime2）的选择并不是随机的，采用内生转置模型矫正是合理的。

利用内生转置模型估计的优势在于：如果能够找到合适的工具变量来矫正处理组选择的内生问题，可以获得一个处理组对收入影响的一致估计。

（二）变量描述性分析

本部分重点考察工作转换对不同人力资本禀赋回报的差异，人力资本禀赋选取：受教育年限、培训经历和外出时间（表示工作经验）三个指标衡量。对于自营活动而言，这三者对自营活动的影响并不大，所以本部分最终选择使用 Mincer（1974）方程来估计这三个要素对受雇就业者收入的影响。人力资本要素具体分布见表 7 - 5。从中，大致可以看出：总样本中农民工的平均受教育年限略高于 9 年，而有 31.46% 的农民工曾经接受过非农培训，农民工都有一定的外出经验，其中平均外出时间达到 9.53 年。从均值检验结果来看，转换工作者的受教育程度和培训情况都要好于未转换者，说明受教育程度高和有培训经历的农民工更倾向于转换工作，而转换者的外出时间要显著低于未转换工作者，外出时间对农民工的工作转换产生负影响，外出时间越长，农民工转换工作的可能性越低。

表 7 - 5 工作转换与人力资本禀赋均值检验

	受教育程度	培训	外出时间
总 样 本	9.443	0.3146	9.526
未转换工作	9.323	0.2933	9.936
转 换 工 作	9.681	0.3566	8.716
均 值 差	0.3581 ***	0.0633 ***	- 1.220 ***

注：*、**、*** 分别代表在 10%、5% 和 1% 水平下显著。

（三）工作转换与人力资本回报

估计工作转换对农民工人力资本回报的影响，首先要识别工作转换决策方程，最好能够使用一个工具变量来控制处理组选择（Turnover Treatment）的内生性。有效的工具变量必须满足与处理组选择（Turnover Treatment）相关，但是与农民工收入结果变量无关。关于工具变量的选择，我们参考 Pérez 和 Sanz（2005）的思路，把在务工地的家庭成员总数作为排除工具变量来解决外出务工的选择性问题。这样做的原因主要有两个：一是，在务工地的家庭成员总数是影响农民工工作决策的重要因素，在务工地的家庭成员总数越多，农民工实现持久性迁移的可能性越大，其工作的稳定性可能越强，同时也可能承担越多的家庭负担，转换工作越会更加慎重，这会降低他们转换工作的可能性；二是，在务工地的家庭成员总数与农民工的工作行为分属两个层面，一般认为在务工地的家庭成员总数不直接影响农民工的工资收入，即在务工地的家庭成员总数与农民工收入正交。

我们使用内生转置模型来估计农民工人力资本回报，并比较工作转换者和未转换者的差异，估计结果如表 7-6 所示。其中，在工作转换决策方程中，我们可以看到工具变量"在务工地的家庭成员总数"与工作转换在 1% 的水平上显著负相关，在务工地的家庭成员总数越多，农民工进行工作转换的概率越低。而 ρ_1 和 ρ_2 显著为负，处理组（Regime1）和控制组（Regime2）并不是一个随机选择，而 lns1 和 lns2 均拒绝了零假设，LR test 也拒绝了方程独立估计假设，进一步说采用 OLS 估计会产生估计偏误，而把"在务工地的家庭成员总数"作为排除变量修正估计结果是可信的。

而修正选择性偏差估计结果显示（见表 7-6），转换工作农民工的教育投资回报率为 3.18%，略高于未进行工作转换者的回报（2.25%），

表 7 - 6　工作转换与人力资本回报

变量	转换工作者收入	未转换工作者收入	工作转换决策
年龄	- 0. 0099 ***	- 0. 0093 ***	- 0. 0067 **
	(0. 0017)	(0. 0012)	(0. 0034)
性别(男 = 1)	0. 1735 ***	0. 2519 ***	- 0. 3306 ***
	(0. 0247)	(0. 0186)	(0. 0479)
受教育年限	0. 0318 ***	0. 0225 ***	0. 0146
	(0. 0047)	(0. 0038)	(0. 0103)
婚姻(已婚 = 1)	0. 0667 **	0. 1289 ***	- 0. 2365 ***
	(0. 0304)	(0. 0237)	(0. 0654)
培训(有培训经历 = 1)	0. 0803 ***	0. 0963 ***	0. 0426
	(0. 0217)	(0. 0182)	(0. 0484)
外出时间	0. 0093 ***	0. 0109 ***	0. 0077 *
	(0. 0023)	(0. 0016)	(0. 0046)
制造业	0. 0208	0. 0707 ***	- 0. 1836 ***
	(0. 0293)	(0. 0227)	(0. 0619)
建筑业	0. 2549 ***	0. 2778 ***	- 0. 1633 ***
	(0. 0514)	(0. 0304)	(0. 0537)
50 人以下企业	- 0. 0725 ***	- 0. 0324	- 0. 1225 *
	(0. 0250)	(0. 0200)	(0. 0728)
50 ~ 100 人企业	- 0. 0380	- 0. 0306	- 0. 1996 ***
	(0. 0337)	(0. 0265)	(0. 0525)
长三角地区	0. 2805 ***	0. 3383 ***	0. 0255
	(0. 0259)	(0. 0191)	(0. 0615)
珠三角地区	0. 3173 ***	0. 2680 ***	- 0. 0644
	(0. 0271)	(0. 0235)	(0. 0492)
2009 年	0. 1468 ***	0. 1822 ***	- 0. 3761 ***
	(0. 0218)	(0. 0187)	(0. 0626)
2010 年	0. 2758 ***	0. 3167 ***	- 0. 0557
	(0. 0340)	(0. 0225)	(0. 0344)
离校时成绩	0. 0733 ***	0. 0357 ***	- 0. 3765 ***
	(0. 0160)	(0. 0127)	(0. 0936)
在务工地的家庭成员总数			- 0. 0664 ***
			(0. 0211)
常数项	6. 6104 ***	6. 4091 ***	0. 5528 ***
	(0. 0838)	(0. 0691)	(0. 1748)
lns1		- 1. 0460 ***	

变量	转换工作者收入	未转换工作者收入	工作转换决策
lns2		−0. 8866 ***	
ρ1		−0. 2893 **	
ρ2		−0. 7242 **	
LR test of indep. eqns.		227. 06 ****	
Number of obs		3502	

注：行业以其他行业为参照组，地区以中西部地区为参照组，企业规模以100人以上企业为参照组；*、**、***分别代表在10%、5%和1%水平下显著。

说明工作转换有利于提升转换者的教育投资回报。不过，对于培训我们则发现，工作转换者中有培训经历的农民工比没有培训经历农民工的收入要高出8.36%，而未转换者中有培训经历的农民工比没有培训经历农民工的收入要高出10.11%，表明工作转换反而降低了培训的回报。工作经验（外出时间）的回报，估计结果同样显示，工作转换会降低工作经验的回报，未转换者外出时间每增加一年，其收入增加1.09%，而工作转换者外出时间每增加一年，其收入仅增加0.93%。由此可以看出，工作转换虽然在一定程度上可以提升正规教育的投资回报率，但是降低了培训及工作经验的投资回报率，这与专用人力资本投资理论相吻合，即专用人力资本的迁移性较差，农民工工作转换后难以在新岗位上发挥前期积累的专用人力资本优势，仅仅发挥了通用人力资本投资的作用（正规受教育程度），所以无法获得高于甚至是等同于上一份工作的报酬，导致最终的就业质量下降。

四　本章小结

在控制其他因素的条件下，工作转换对职业流动产生显著负效应，农民工工作转换行为没有对其职业地位提升产生积极作用，反而使农民工职业出现显著向下流动。为检验农民工职业流动是否存在"U"形特征，引入"调查期前1～5年是否发生工作转换"，同时考察农民工的职业流动是否存在跨期效应。结果显示，职业流动没有呈现"U"形趋势，但有一定的跨期效应。

考察工作转换对自营转换和行业转换的影响，发现工作转换对自营就业选择产生负效应，对服务业行业就业选择产生正效应，但不显著。而在引入滞后期1～5年内的转换后，发现自营就业选择和服务业就业选择系数变大，且变得显著，具有明显跨期效应，同样不存在"U"形趋势。这说明，相对于未转换者，转换者选择自营活动（创业）的可能性更低。而转换者从事服务业的可能性要高于未转换者，说明工作转换者选择在服务业就业的意愿更强。

同时，本章还考察了工作转换是否对农民工人力资本回报差距产生影响，发现，工作转换提升了教育回报率，却降低了培训和工作经验的投资回报。这说明，工作转换提升了正规教育等通用人力资本回报，但降低了培训及工作经验等专用人力资本回报，这与专用人力资本投资理论相吻合，即专用人力资本的迁移性较差，农民工工作转换后难以在新岗位上发挥前期的专用人力资本优势。

因此，城市劳动力市场上农民工的再次流动没有带来职业向上流动，滞后期工作转换虽然有一定的跨期效应，但不存在移民职业流动的"U"形特征，而且工作转换虽然提升了正规教育的收益，但却降低了培训及外出经验等的人力资本的回报，而农民工的人力资本积累更多就是通过培训和工作经验获得的，所以工作转换没有提升农民工的就业质量。

第八章 结论与政策建议

一 结论

农民工在城市劳动力市场频繁经历工作转换，这已经成为农民工市场的普遍现象和重要特征，而工作转换能否提升其就业质量，特别是在分割劳动力市场条件下，工作转换是否能够带来工资增长及其他工作待遇的提升，而不同的工作转换模式对就业质量的影响是否存在差别，现有研究并不能很好地回答这些问题。基于此，我们利用RUMIC 2008 - RUMIC 2010 数据，进一步考察工作转换对农民工就业质量的影响，通过实证计量分析，我们得到如下几个结论。

第一，从农民工就业特征与就业质量变动趋势来看，在 2008 ~ 2010 年受雇农民工就业质量稳步提升，而自营农民工就业质量亦有小幅增加。分指标来看，受雇就业农民工在收入、养老保险参保率和固定或者长期劳动合同签订率方面均有明显改善，其中固定或者长期劳动合同签订率的提升最明显。而自营就业者收入水平也是逐年增加，但养老保险参保率出现了下滑。同时，受雇就业者和自营就业者的就业质量会因个体和工作特征不同而产生差异，如由于年龄、人力资本因素（受教育程度、培训经历、外出时间等）、就业行业类型、就业企业规模及就业地区不同，受雇就业者和自营就业者的就业质量存在较大差异。

第二，关于工作转换对农民工就业质量的整体影响，估计结果显示，工作转换对受雇就业者就业质量有显著负影响，而对自营就业者就业质量的影响为正，但并不显著。分指标来看，工作转换会减少受雇就业者的收入，降低养老保险参保率和固定或长期劳动合同的签订率，而工作转换也可能加重受雇就业者的劳动负担。对于自营就业者，工作转换显著降低了自营就业者的收入水平和工作时间，但对自营就业者养老保险参保率的影响并不显著。而且发现，受雇者工作转换存在明显跨期效应。

第三，关于工作转换对农民工就业质量变动的影响，从总指数来看，当期工作转换对受雇就业者和自营就业者就业质量增加的平均影响为正。具体来讲，前期就业质量对当期就业质量影响为负，前期就业质量越高，当期就业质量提升空间越有限，对受雇就业者而言，就业质量处于 25 分位及以下者，转换工作对其就业质量增加影响为正，反之，就业质量处于 25 分位以上者，换工作对转换者就业质量增加是消极影响。而对自营就业者而言，前期就业质量处于 80 分位及以上者，工作转换对就业质量增加是负效应，而对前期就业质量处于 80 分位以下者，则表现为积极影响，说明工作转换对低质量就业农民工有提升作用。从分指标来看，工作转换对受雇者收入增长的平均影响为正，对自营者收入增长的平均影响为负，但均不显著。而有养老保险的受雇就业者进行工作转换，则对其养老保险参保率产生显著的负面冲击，工作转换不利于受雇就业者维持其养老保险承续，不过对于自营就业者的负效应并不显著。前期工作时间越长的农民工转换工作后，其工作时间有减少趋势，而有固定或者长期劳动合同的受雇就业者在工作转换中将处于不利地位，相对于未转换者，工作转换反而使其劳动合同情况变差。

第四，关于工作转换模式对就业质量的影响，研究结果表明，不同的工作转换模式如工作转换原因、行业内转换与行业间转换、城市内转换与城市间转换对就业质量的影响存在较大差异。对于受雇就业者，工作原因转换、个人或家庭原因转换和单位原因转换均对就业质量指数、收入、劳动合同和养老保险产生显著负面作用，而由于工作原因产生的工作转换对就业质量的冲击最小，但对自营就业者而言，工作原因转换、个人或家庭原因转换和单位原因转换仅对收入产生显著负效应，而工作原因转换对收入的负效应要小于个人或家庭原因转换和单位原因转换。对于行业内转换和行业间转换，两者对受雇就业者就业质量指数、收入、养老保险和劳动合同均产生显著负效应，而且行业内转换的负效应要小于行业间转换，但两者对自营就业者就业质量及其分指标的影响大多没有表现出统计显著性。城市间转换和城市内转换对受雇就业者就业质量指数、收入、劳动合同和养老保险均产生显著负效应，而从两者的估计系数来看，城市内转换对就业质量及其分指标的负面影响要小于城市间转换。而城市间转换、城市内转换仅对自营就业者的收入产生显著负效应，且城市内转换的收入损失略低于城市间工作转换带来的收入损失。

第五，工作转换与职业流动、人力资本投资回报，工作转换为什么没有提升农民工就业质量，工作转换与职业流动结果及人力资本回报差异的关系给出了答案。估计结果显示，工作转换对职业流动产生显著负效应，工作转换导致农民工职业向下流动，职业流动没有呈现"U"形特征，而相对于未转换者，转换者选择自营活动（创业）的

可能性更低。同时对人力资本回报差异的估计还发现，工作转换虽然
在一定程度上提升了教育回报，但却降低了培训和工作经验的投资回
报，最终可能对收入产生负效应。

二 讨论

虽然工作转换对低位就业的农民工就业质量提升有一定的促进作
用，但总体而言，城市农民工再次就业流动对其就业质量提升作用有
限。而近年来农民工群体就业流动特征明显，且呈现短工化趋势，这
有悖于常理，农民工的工作转换无助于提升其就业质量，为什么农民
工还要频繁转换工作呢？可以从以下几个角度进行理解。

第一，本研究局限于工作转换的短期效应。本书的实证研究是基
于 RUMIC 2008 - RUMIC 2010 数据估计，但毕竟三年的时间还是太
短，只能看作是工作转换对就业质量的短期效应，缺乏对工作转换长
期效应的考察，而转换工作的成本是即时发生的，换工作的收益却需
要更长的时间体现，本文得出的工作转换对就业质量具有跨期效应正
好说明了这一点。

第二，农民工的工作转换可能更多是非自愿性的。由于 2008 ～
2010 年正好是金融危机后的几年，制造业企业遭受较大的损失，出
口受阻，利润下滑，甚至中小型加工贸易企业破产倒闭，而这些企业
正好是农民工就业较为集中的劳动密集型企业，因此，受金融危机影
响，农民工的工作转换可能更多的是被动流动，如被解雇、遣散或调
岗，非自愿转换无助于提升就业质量。而本书试图通过工作转换的原
因来区分自愿与非自愿工作转换，但毕竟是工作转换的意愿选择，不
代表真实的换工作原因。因此需要区分自愿与非自愿工作转换进一步

进行估计。

第三，农民工群体就业机会具有同质性，就业岗位集中在低端劳动力市场。部分学者认为农民工频繁换工作的背后具有经济理性或者是"用脚投票"的色彩。这只是通过单纯的工作转换行为来分析农民工的就业流动性，没有更深入地挖掘农民工频繁转换工作背后的真正的原因。中国在渐进式改革过程中，经济转型并不必然形成市场化经济体制（陈剑、万广华和陆铭，2010），我国的城市劳动力市场同样存在严重的分割，特别是户籍制度下城乡身份的分割。这种城乡身份的分割使得农民工在城市劳动力市场遭到了就业歧视，包括就业岗位的获得和工资决定（严善平，2007；张春妮，2011；范婧，2014）。农民工主要集中在建筑、制造、餐饮服务等劳动密集型行业，就业岗位的同质性较高，属于竞争行业的普通岗位，因此，工作转换更多是水平流动，缺乏向上流动的渠道。

三　政策建议

虽然工作转换对于底层农民工的就业质量提升有一定的促进作用，但总体而言，城市农民工就业的再次流动对其就业质量提升作用有限。而农民工的工作转换行为并不是盲目的，大部分工作转换者都期待争取更好的就业待遇，但结果却与其期望相背离。工作转换没有使农民工实现职业向上流动，同时工作转换却降低了农民工的培训及工作经验等人力资本收益。这一结论有较强的政策含义，要求我们在关注农民工就业质量时，一定要关注如何通过有效的制度设计实现农民工稳定就业、适度流动，从根本上消除劳动力市场的制度壁垒，提升农民工人力资本回报，加速农民工融入务工地经济社会发展进程，进而实现农民工由循环流动向持久性迁移转变,有序推进农业转移人口市民化。因此,在未来,需要在以下几个方面强化农民工城乡迁移政策及其相应的政策配套机制。

1.改变产业发展模式,创造高质量的就业机会

农民工就业所在行业,不管是制造业、建筑业还是服务业,大多依赖于低廉劳动力成本实现发展,在产业链中处于末端,产业附加值不高。虽然为农民工就业提供了大量岗位,但受制于其产业特性,自身的利润空间和发展空间都不大,部分企业甚至只是"短平快"运作,随时准备转行,缺乏长期发展思路和发展谋略,也就很难在员工工资、工作条件、社会保障等方面有大的改进或者规划。这最终导致在这些行业从业农民工的岗位工资提升有限,社会保障缴纳不足等诸多问题,即使农民工实现工作转换,仍然会面临这些问题。因此,在经济"新常态"背景下,要实现农民工就业质量提升,必须从根本上改变产业发展模式,由严重依赖廉价劳动力的产业体系,向产业链顶端发展,建立更高技术层次的产业体系,实现从制造业大国向制造业强国、服务业强国转变。这样才能促使企业实现从低层次劳动密集型企业向中上游方向发展,让农民工可在不同层次产业劳动力市场上实现就业。具体,对于制造业来讲,应调整发展定位,积极向研发、设计及商贸、服务等产业链两端附加值最高的方向发展,抢占产业高端,摆脱在价值链中被低端锁定的困境,实现企业转型升级。另外,对于部分劳动密集型企业来说,可通过错位发展、特色发展等方式,通过特色、集聚、文化等多种要素整合优势,形成竞争优势。

2.以户籍改革为切入点,打破体制和劳动力市场的分割,释放就业空间

户籍制度的城乡身份识别,也人为把劳动力市场分割为主要劳动力市场和次要劳动力市场,进而形成劳动力市场政策和公共服务方面

的分割，使得农民工在城镇无法获得高质量就业岗位，被束缚在次要劳动力市场上，虽然其力图通过工作转换来改变其就业状况，但改变不了其不利的就业地位，甚至对其就业地位产生负面冲击。因此，提升农民工就业质量，必须打破劳动力市场分割，这需要从以下几个方面着手：一是，逐步从城乡隔离的户籍制向城乡一体化的户口登记制或者身份证管理制度转变，促进农村劳动力市场和城市劳动力市场接轨。同时，先通过放开小城镇户口，让农民工就地实现市民化，而对于大中城市，首先让在城镇符合落户条件的农民工落户，而对于够条件落户或者不愿落户的，要为他们提供更加均等化的基本公共服务，特别是公共卫生服务、义务教育、劳动关系、权益维护等多个方面的服务，逐步解决住房、养老等问题，促进有能力在城镇稳定就业和生活的常住人口有序实现市民化，形成城乡统一劳动力市场。二是，要消除劳动力市场政策造成的劳动力市场歧视，主要是就业准入和就业报酬方面的歧视。在就业准入上，不得以户籍、性别、年龄等内容，限制任何劳动者，实现劳动力市场的机会公平；而在就业报酬上，严格执行同工同酬，保障农民工同城镇劳动力的分配公平。三是，缩小农民工与城乡居民在社会保障水平上的差异。城乡之间社会保障水平的差异也逐渐成为统一城乡劳动力市场的一个制约因素，这需要进一步规范养老、医疗保险制度，争取尽快将所有在城市工作的农村劳动力纳入社会保障范围，当然这有赖于公共财政的积累，需要一个相当长的过程。四是，加大农民工保障性住房建设支持力度，为农民工市民化提供住房保障，创造条件让农民工更好地融入城市，实现农民工持久性迁移。以此为突破口，减少由于居住和工作分离带来的工作转换，维持农民工就业稳定性，提升就业质量。这需要：一方面，推进廉租住房、公共租赁住房、经济适用住房"三房合一"，加大保障房建设和供给力度，放宽申请条件，使保障房政策更多向农民工群体倾斜；另一方面，鼓励和引导非营利性组织、慈善团体及其他社会资金为农民工提供保障性住房，改变保障性住房供给单一化的局面。

3.建立农民工工资增长长效机制，促进农民工收入稳步增长

在二元分割的劳动体制下，农民工从事的都是劳动时间长、工作条件差、缺乏社会保障、就业不稳定的职业，而工资水平偏低，甚至低于最低工资水平，也远远低于农民工的期望，这也是导致农民工频繁转换工作的主要原因。而要提升农民工就业质量，必须从建立农民工工资增长长效机制入手，一方面，以最低工资标准为着力点，通过及时提高最低工资标准并严格执行，保障农民工的底线工资，同时加强对其工资的劳动监察力度，预防和解决工资拖欠问题；二是，完善劳资集体协商和谈判机制，通过集体谈判的形式来确定工资水平和工资增幅，逐步建立农民工工资增长长效机制。

4.健全并实施针对农民工的职业技能培训制度，提升农民工就业能力

阻碍农民工在城市长期稳定就业的还有一个关键因素就是农民工自身的人力资本因素：农民工受教育程度和职业技能水平均低于城镇劳动力水平，也与产业转型发展的需求相背离。只有多方位开展针对农民工的职业培训，提升其技能水平，才能与高质量就业岗位的技能需求相匹配，解决其就业质量偏低问题。现阶段，应该从以下几个方面入手：一是，加快构建农民工职业培训体系，使所有有培训需求的农民工都能结合市场需求和职业需要得到有针对性的培训，不断提升自身职业技能水平，及时掌握新技能，为实现就业和稳定就业打好基础。二是，根据农民工就业需求实施分类培训，完善培训体系，促进农民工素质就业。三是，健全创业培训体系，对有创业愿望并具备一定创业条件的农民工，组织开展创业培训，提高农民工创业能力。

四　研究不足及可拓展的方向

本书主要通过计量分析来探讨工作转换对农民工就业质量的影响，实证研究的不足体现在以下几个方面。

其一，对于就业质量的测量，虽然本书在多维就业质量测量的框架下，对农民工就业质量进行了测量，并分析了变动趋势，不过，略显遗憾，对于就业质量指数，权重使用的是均等权重并不严谨，所以后面也参考 Erhel 等（2012）的做法，使用单维度客观指标表示就业质量情况（月工资、养老保险、劳动合同和周工作时间）。虽然本书进行了尝试，力图通过多维就业质量指数指标来弥补单方面使用客观指标带来的测量偏差，但使用客观指标，必然忽视一个问题，那就是不同的个体对不同工作特征的相对重要程度有不同的理解，从这个角度来讲，偏重于客观指标的测量框架必然会忽视个体之间的偏好差异，出现一定程度的测量偏差，这有待于后续研究继续拓展，把一些主观指标纳入就业质量评价体系。

其二，对于工作转换的测量，是本研究最核心的问题。本研究借鉴国外通常使用的定义"两个连续调查期内是否从事同一份工作"来衡量（Pérez & Sanz，2005），根据调查项目"您哪年开始从事当前这份主要工作的"和"您外出经商以来的第一份工作是不是您现在的工作"将工作转换定义为在调查期当年内是否变换过工作，具体的设定为：调查年份为 t 年，那么如果调查者开始从事当前这份工作的时间大于等于 t 或者外出经商以来的第一份工作不是现在的工作，那么就定义为进行了工作转换，否则界定为未进行工作转换。与国内的定义相比，我们的定义更加强调最近一次换工作经历，或者说我们更加强调最近一次换工作前的工作状态与换工作后从事的当前这份工作的状态差异性。但也存两个问题：一是三年的面板数据太短，对于工作转换长期效应，如当前的工作转换对后期工作的影响效应，估计明显不足。二是仅仅定义了最近一次工作转换的情况，而忽视工作转换经历的影响，也就是说，并不知道在最近一次工作转换之前的几年，转换者是否频繁更换工作。

其三，关于转换工作内生性问题。在计量分析中，没有处理工作转换内生性问题，主要有两个考虑：第一，由于不清楚历年工作转换的原因，仅仅 RUMIC 2009 有这一情况的反映，无法准确判断工作转换究竟是外在冲击还是内在选择；第二，找不到合适的用于矫正内生性的工具变量，本书尝试研究了在务工地家庭总人数、夫妻是否共同外出、在务工地共同生活的子女数量以及当年是否发生婚娶、生子、病丧等突发事件的影响，最后的估计结果均不理想。这需要后续研究继续从制度、自然等外在条件中寻找更好的工具变量。

其四，数据追踪选择问题。我们使用 RUMIC 数据来研究工作转换对农民工就业质量的影响，数据有较强的代表性，但对于农民工的追踪调查非常困难，样本追踪遗失的可能性非常大，所以最终留在观测值内的样本可能是在城市生存能力强的农民工，这会导致估计出现一定的偏差。而由于在 2008 ~ 2010 年，受国际金融危机等影响，农民工就业经历变动较大，使用这段时间的微观数据来探讨这一问题，也给估计带来了较大的不确定性。这都有待于后期追踪样本数据不断完善后进行进一步验证。

参考文献

[1] Abbott, M. G. & Beach, C. M. , "Wage Changes and Job Changes of Canadian Women: Evidence from the 1986 – 87 Labour Market Activity Survey", *The Journal of Human Resources*, 1994, 29 (2).

[2] Abreu, M. , Faggian, A. & McCann, P. , "Migration and Inter-Industry Mobility of UK Graduates: Effect on Earnings and Career Satisfaction ", //ERSA Conference Papers. European Regional Science Association, 2011 (ersa11p118).

[3] Akresh, I. R. , "Occupational Mobility among Legal Immigrants to the United States", *International Migration Review*, 2006, 40 (4).

[4] Anderson J. A. , "Regression and Ordered Categorical Variables", *Journal of the Royal Statistical Society*. Series B (Methodological), 1984, 46 (1).

[5] Antel, J. J. , "Job Change of Young Men", Ph. D. Dissertation, University of California at Los Angeles, 1983.

[6] Antel, J. J. , "Human Capital Investment Specialization and the Wage

Effects of Voluntary Labor Mobility", *Review of Economics and Statistics*, 1986, 68 (3).

[7] Appelbaum E, Berg P, Frost A, et al. , *Low-wage America: How Employers Are Reshaping Opportunity in the Workplace*, Russell Sage Foundation, 2003.

[8] Arai, M. , & Heyman, F. , "Temporary Contracts and the Dynamics of Job Turnover", *Economics Bulletin*, 2004, 10 (4): 1 - 6.

[9] Arulampalam, W. , "Is Unemployment Really Scarring? Effects of Unemployment Experiences on Wages", *The Economic Journal*, 2001, 111 (475).

[10] Baker, G. , Gibbs, M. , & Holmstrom, B. , "The Wage Policy of Firms", *The Quarterly Journal of Economics*, 1994, 109 (4).

[11] Bartel, A. P. , & Borjas, G. J. , *Wage Growth and Job Turnover: An Empirical Analysis*, In Studies in Labor Markets, ed. Sherwin Rosen, 1981, 65 - 90. Chicago, Ill: NBER and University of Chicago Press.

[12] Bauer, T. K. , & Zimmermann, K. F. , "Occupational Mobility of Ethnic Migrants", IZA Discussion Paper Series, No. 58, 1999.

[13] Becker, Gary S. , "Investment in Human Capital: A Theoretical Analysis", *Journal of Political Economy*, 1962, 70 (5).

[14] Blau, F, D. , & Kahn, L. M. , "Race and Sex Differences in Quits by Young Workers", *Industrial & Labor Relations Review*, 1981, 34 (4).

[15] Blossfeld, H. P. , "Career Opportunities in the Federal Republic of Germany: A Dynamic Approach to the Study of Life-Course, Cohort, and Period Effects", *European Sociological Review*, 1986, 2

（3）：208 – 225.

［16］ Blumen, I., Kogan, M., & McCarthy, P. J., *The Industrial Mobility of Labor as a Probability Process*, Cornell Studies of Industrial and Labor Relations, 6, Ithaca, NY: Cornell University Press, 1955.

［17］ Boswell, W. R., Boudreau, J. W., & Tichy, J., "The Relationship between Job Change and Job Satisfaction: The Honeymoon-Hangover-Effect", *Journal of Applied Psychology*, 2005, 90 （5）.

［18］ Brand, J. E., "The Effects of Job Displacement on Job Quality: Findings from the Wisconsin Longitudinal Study", *Research in Social Stratification and Mobility*, 2006, 24 （3）.

［19］ Burdett, K., "A Theory of Employee Job Search and Quit Rates", *American Economic Review*, 1978, 68 （1）.

［20］ Burgess, S., & Rees, H., "Transient Jobs and Lifetime Jobs: Dualism in the British Labour Market", *Oxford Bulletin of Economics and Statistics*, 1997, 59 （3）.

［21］ Burton, J. F., &Parker, J. E., "Inter-industry Variations in Voluntary Labor Mobility", *Industrial and Labor Relations Review*, 1969, 22 （2）: 199 – 216.

［22］ Chadi, A. & Hetschko, C., "The Magic of the New: How Job Changes Affect Job Satisfaction", IAAEU Discussion Paper Series in Economics, 2014, No. 05.

［23］ Chiswick B., "Sons of Immigrants: Are They at an Earnings Disadvantage?" *The American Economic Review*, 1977, 67 （1）.

［24］ Chiswick, B, . Lee, Y., & Miller, P., "A Longitudinal Analysis of Immigrant Occupational Mobility: A Test of the Immigrant

Assimilation Hypothesis", *International Migration Review*, 2005, 39 (2).

[25] Clark, A. E., "Your Money or Your Life: Changing Job Quality in OECD Countries", *British Journal of Industrial Relations*, 2005, 43 (3).

[26] Clay, D. M., *The Relationship of Demographics and Job Mobility: A Longitudinal Investigation*, ProQuest, 2007.

[27] Cotton, J. L. & Tuttle, J. M., "Employee Turnover: A Meta-Analysis and Review with Implications for Research", *Academy of Management Review*, 1986, 11 (1).

[28] Couch, K. A., "Late Life Job Displacement", *Gerontologist*, 1998, 38 (1).

[29] Davoine, L. & Erhel, C., "Monitoring Employment Quality in Europe: European Employment Strategy Indicators and Beyond", CES: Document de Travail, 2006, No. 66.

[30] Devine, T. J., &Kiefer, N. M., *Empirical Labor Economics: The Search Approach*, Oxford University Press, 1991.

[31] Dex, S., &Bukodi, E., "Gender Differences in Job and Occupational Mobility in Varying Labour Market Conditions", Barnett Papers in Social Research, 2013.

[32] Doeringer, P. B., & Piore, M. J., *Internal Labor Markets and Manpower Analysis* ME Sharpe, 1985.

[33] Eckstein Z. & Weiss Y., *The Absorption of Highly Skilled Immigrants: Israel, 1990 – 1995*, Tel Aviv: Foerder Institute for Economic Research, 1998.

[34] Erhel C, Guergoat-Larivière M, Leschke J, et al., *Trends in Job*

Quality During the Great Recession：*A Comparative Approach for the EU*，Directeur de publication：Jean-Louis Dayan，2012.

[35] European Commission，*Employment in Europe*，http：／／ec. europa. eu／social／main. jsp？catId = 89&langId = en&newsId = 415&further News = yes，2008.

[36] Eurofound，*Trends in job quality in Europe*，*Publications Office of the European Union*，Luxembourg，2012.

[37] Farber，H. S. ，Hall. R. ，& Pencavel，J. ，"The Incidence and Costs of Job Loss：1982 – 91，Brookings Papers on Economic Activity"，*Microeconomics*，1993，1993（1）.

[38] Farber，H. S. ，"The Analysis of Inter-firm Worker Mobility"，*Journal of Labor Economics*，1994，12（4）.

[39] Farber，H. S. ，"Job Loss in the United States，1981 – 2001"，National Bureau of Economic Research，No. w9707，2003.

[40] Fernandez，R. M. ，& Weinberg，N. ，"Sifting and Sorting：Personal Contacts and Hiring in A Retail Bank"，*American Sociological Review*，1997，62（6）.

[41] Freeman，R. B. ，"Job Satisfaction as an Economic Variable"，*American Economic Review*，1978，68（2）.

[42] Fuller，S. ，"Job Mobility and Wage Trajectories for Men and Women in the United States"，*American Sociological Review*，2008，73（1）.

[43] Ge，Y. ，& Lehmann，H. ，"The Costs of Worker Displacement in Urban Labor Markets of China"，*IZA Journal of Labor & Development*，2013，2（1）.

[44] Gong，X. ，Van Soest，A & Villagomez，E. ，"Mobility in the

Urban Labor Market: a Panel Data Analysis for Mexico", *Economic Development and Cultural Change*, 2004, 53 (1).

[45] Gottschalk, P., & Maloney, T., "Involuntary Terminations, Unemployment and Job Matching: A Test of Job Search Theory", *Journal of Labour Economics*, 1985, 3 (2).

[46] Granovetter, M. S., "The Strength of Weak Ties", *American Journal of Sociology*, 1973, 78 (6).

[47] Granovetter, M., *Getting A Job: A Study of Contacts and Careers.* Cambridge, MA: Harvard University Press, 1974.

[48] Greve R. H., "Industry Diversity Effects on Job Mobility", *Act Sociologica*, 1994, 37 (2).

[49] Gritz, R. M., "The Impact of Training on the Frequency and Duration of Employment", *Journal of Econometrics*, 1993, 57 (1).

[50] Groes, F., Kircher, P., & Manovskii, I., "The U-shapes of Occupational Mobility", *The Review of Economic Studies*, 2014, doi: 10.1093/restud/rdu037.

[51] Groot, W., & Verberne, M., "Aging, Job Mobility, and Compensation", *Oxford Economic Papers*, 1997, 49 (3).

[52] Gruber, J., & Madrian, B. C., "Health Insurance and Job Mobility: The Effects of Public Policy on Job-lock", *Industrial & Labor Relations Review*, 1994, 48 (1).

[53] Gruber, J. & Madrian, B. C., "Health Insurance, Labor Supply, and Job Mobility: a Critical Review of the Literature", National Bureau of Economic Research Working Paper, No. 8817, 2002.

[54] Hachen, Jr. D. S., "Industrial Characteristics and Job Mobility Rates", *American Sociological Review*, 1992, 57 (1).

［55］ Hammermesh, D. S. , "What Do We Know About Worker Displacement in the United States?", *Industrial Relations*: *A Journal of Economy and Society*, 1989, 28 (1).

［56］ Han, Shin-Kap. & Moen, P. , "Work and Family Over Time: A Life Course Approach", *Annals of the American Academy of Political and Social Sciences*, 1999, 562.

［57］ Heyman, F. , "How Wage Compression Affects Job Turnover", *Journal of Labor Research*, 2008, 29 (1).

［58］ Hospido, L. , "Job Changes and Individual-job Specific Wage Dynamics", Discussion Paper Series//Forschungsinstitut zur Zukunft der Arbeit, 2010.

［59］ Hyslop, D. & Maré, D. C. , "Job Mobility, and Wage Dynamics", Statistics New Zealand LEED research paper, 2009, Available at SSRN: http://ssrn.com/abstract = 1532456 or http://dx.doi.org/10.2139/ssrn.1532456.

［60］ ILO (International Labour Organization), *Decent Work Indicators*: *Concepts and Definitions*, ILO Manual, First edition, Geneva, 2012.

［61］ Inkson, K. , "Effects of Changing Economic Conditions on Managerial Job Changes and Careers", *British Journal of Management*, 1995, 6 (3).

［62］ Jacobson, L. S. , LaLonde, R. J. , & Sullivan, D. G. , "Earnings Losses of Displaced Workers", *The American Economic Review*, 1993, 83 (4).

［63］ Johnson, W. R. , "A Theory of Job Shopping", *Quarterly Journal of Economics*, 1978, 92 (2).

［64］ Jovanovic, B. , "Job Matching and the Theory of Turnover", *Journal of Political Economy*, 1979, 87 (5).

［65］ Jovanovic, B. , "Matching, Turnover and Unemployment", *Journal of Political Economy*, 1984, 92 (1).

［66］ Kambourov, G. & Manovskii, I. , "Rising Occupational and Industry Mobility in the United States: 1968 – 97", *International Economic Review*, 2008, 49 (1).

［67］ Kambourov, G. , & Manovskii, I. , "Occupational Specificity of Human Capital", *International Economic Review*, 2009, 50 (1).

［68］ Kanter, R. M. , "Careers and the wealth of nations: A macro-perspective on the structure and implications of career forms", In M. B. Arthur, D. T. Hall, &B. S. Lawrence (Eds.), *Hand Book of Career Theory*, Cambridge: Cambridge University Press, 1989, 506 – 521.

［69］ Keith, K. , & McWilliams, A. , "The Wage Effects of Cumulative Job Mobility", *Industrial & Labor Relations Review*, 1995, 49 (1).

［70］ Keith, K. , & McWilliams, A. , "Job Mobility and Gender-based Wage Growth Differentials", *Economic Inquiry*, 1997, 35 (2).

［71］ Kerr, Clark, *The Balkanization of Labor Markets*, In W. Baake (ed), Labor Mobility and Economic Oppoitunity (New York: Wiley), 1954.

［72］ Kletzer, L. G. , "Returns to Seniority After Permanent Job Loss", *The American Economic Review*, 1989, 79 (3).

［73］ Knight, J. , & Yueh, L. , "Job Mobility of Residents and Migrants in Urban China", *Journal of Comparative Economics*, 2004, 32 (4).

[74] Kristensen, N. & Westergård-Nielsen, N. C. , "Does Low Job Satisfaction Lead to Job Mobility?", IZA Discussion Paper Series, No. 1026, 2004.

[75] Krueger, A. & Rouse, C. , "The Effect of Workplace Education on Earnings, Turnover, and Job Performance", *Journal of Labor Economics*, 1998, 16 (1).

[76] Lehmer, F. & Ludsteck, J. , "The Returns to Job Mobility and Inter-regional Migration: Evidence from Germany", *Papers in Regional Science*, 2011, 90 (3).

[77] Leschke, J. , & Watt, A. , "Challenges in Constructing a Multi-dimensional European Job Quality Index", *Social Indicators Research*, 2014, 118 (1).

[78] Light, A. , "Job Mobility and Wage Growth: Evidence from the NLSY79", *Monthly Labor Review*, 2005, 128 (2).

[79] Light, A. & McGarry, K. , "Job Change Patterns and The Wages of Young Men", *The Review of Economics and Statistics*, 1998, 80 (2).

[80] Lindeboom, M. , van Ours, J. C. & Renes, G. , "Matching Employers and Workers: An Empirical Analysis on the Effectiveness of Search", *Oxford Economic Papers*, 1994, 46 (1).

[81] Lin Nan," Social Resources and Instrumental Action", In *Social Structure and Network Analysis*, edited by Peter Marsden and Nan Lin. Beverly Hills, CA: Sage Publications, Inc, 1982.

[82] Longhi, S. & Brynin, M. Occupational Change in Britain and Germany [J]. *Labour Economics*, 2010, 17 (4).

[83] Longhi, S. , &Taylor, M. , "Employed and Unemployed Job

Seekers: Are They Substitutes?", IZA Discussion Paper 5827, 2011a.

[84] Longhi, S., & Taylor, M., "Explaining Differences in Job Search Outcomes between Employed and Unemployed Job Seekers", ISER Working Paper2011 – 17, 2011b.

[85] Longhi, S. & Taylor, M., "Occupational Change and Mobility among Employed and Unemployed Job Seekers", *Scottish Journal of Political Economy*, 2013, 60 (1).

[86] Loprest, P. J., "Gender Differences in Wage Growth and Job Mobility", *The American Economic Review*, 1992, 82 (2).

[87] Lynch, L. M., "The Role of Off-the-job vs. On-the-job Training for the Mobility of Women Workers", *The American Economic Review*, 1991, 81 (2).

[88] Madrian, Brigitte C., "Employment-Based Health Insurance and Job Mobility: Is There Evidence of Job-Lock?", *Quarterly Journal of Economics*, 1994, 109 (1).

[89] Maloney, T., "An Analysis of Job Mobility and Earnings in New Zealand", Labour, Employment and Work Conference, 2006. http://ojs. victoria. ac. nz/LEW/article/view/1325.

[90] Masso, J., Eamets, R., & Mõtsmees, P., "Temporary Migrants and Occupational Mobility: Evidence From the Case of Estonia", *International Journal of Manpower*, 2014, 35 (6).

[91] McLaughlin, K. J., "A Theory of Quits and Layoffs with Efficient Turnover", *Journal of Political Economy*, 1991, 99 (1).

[92] Miller, R. A., "Job Matching and Occupational Choice", *The Journal of Political Economy*, 1984, 92 (6).

［93］ Mincer, J., *Schooling, Experience, and Earnings*, Columbia University Press, New York, 1974.

［94］ Mincer, J., *Wage Changes in Job Changes. In Research in Labor Economics*, Vol. 8 (PartA), ed. Ronald G. Ehrenberg, Greenwich, Conn: JAI Press, 1986, 171 – 197.

［95］ Mincer, J., "Education and Unemployment", National Bureau of Economic Research (NBER) Working Paper, 1991.

［96］ Mincer, J, . & Jovanovic, B., *Labor Mobility and Wages. In Studies in Labor Markets, edited by Sherwin Rosen*, Chicago: University of Chicago Press, 1981.

［97］ Minns, C., "Income, Cohort Effects, and Occupational Mobility: a New Look at Immigration to the United States at the Turn of the 20th Century", *Explorations in Economic History*, 2000, 37 (4).

［98］ Mitchell, Olivia S., "Fringe Benefits and the Cost of Changing Jobs", *Industrial and Labor Relations Review*, 1983, 37 (1).

［99］ Monheit, A. C., & Cooper, P. F., "Health Insurance and Job Mobility: Theory and Evidence", *Industrial & Labor Relations Review*, 1994, 48 (1): 68 – 85.

［100］ Moore, M. J., Viscusi, W. K., & Zeckhauser, R. J., *The Anatomy of Jumps and Falls in Wages*, in S. W. Polachek, ed, Research in Labor Economics, Vol. 17, London: JAI Press Inc., 1998, 201 – 232.

［101］ Mortensen, D. T., "Specific Capital and Labor Turnover", *The Bell Journal of Economics*, 1978, 9 (2).

［102］ Mortensen, D. T., *Job Search and Labor Market Analysis*, . Ch. 15 of Handbook of Labor Economics, vol. 2, Edited by O. Ashenfelter and R. Layard, eds, 1986.

[103] Mortensen, D. T., "Wages, Separations, and Job Tenure: On-the-Job Specific Training or Matching?", *Journal of Labor Economics*, 1988, 6 (4): 445 – 471.

[104] Munasinghe, L., & Sigman, K., "A Hobo Syndrome? Mobility, Wages, and Job Turnover", *Labour Economics*, 2004, 11 (2).

[105] Muñoz de Bustillo, R., Fernández-Marcías, E., Esteve, F., & Antón, J., "Epluribus unum? A Critical Survey of Job Quality Indicators", *Socio-Economic Review*, 2011, 9 (3).

[106] Muñoz de Bustillo, R., Fernández-Macías, E., Antón, J., & Esteve, F., *Measuring more than Money: The Social Economics of Job Quality*, Cheltenham: Edward Elgar, 2012.

[107] Neal, D., "Industry-specific Human Capital: Evidence from Displaced Workers", *Journal of Labor Economics*, 1995, 13 (4).

[108] Neal, D., *The Complexity of job mobility among young men*, Cambridge, MA: NBER, 1996.

[109] Nelson, Phillip, "Information and Consumer Behavior", *Journal of Political Economy*, 1970, 78 (2).

[110] Ngan, R., & Ma, S., "The Relationship of Mobile Telephony to Job Mobility in China's Pearl River Delta", *Knowledge, Technology & Policy*, 2008, 21 (2).

[111] Ng, T, W, H,, Sorensen, K, L,, & Eby, L. T, et al., "Determinants of Job Mobility: A Theoretical Integration and Extension", *Journal of Occupational and Organizational Psychology*, 2007, 80 (3).

[112] OECD, "How's Life? Measuring Well-being, OECD Publishing",

2013. http：//dx. doi. org/10. 1787/9789264201392 – en.

［113］ Ohlott, P. J. , Ruderman, M. N. & McCauley, C. D. , "Gender Differences in Managers' Developmental Job Experiences", *Academy of Management Journal*, 1994, 37（1）.

［114］ Olsen, C. A. , "The Impact of Permanent Job Loss on Health Benefits", Working Paper No. 305 in Princeton University, Industrial Relations Section, 1992.

［115］ Parent D. , "Wages and Mobility：The Impact of Employer-provided Training", *Journal of Labor Economics*, 1999, 17（2）.

［116］ Parent, D. , "Industry-specific Capital and the Wage Profile：Evidence from the National Longitudinal Survey of Youth and the Panel Study of Income Dynamics", *Journal of Labor Economics*, 2000, 18（2）.

［117］ Parrado, E. , Caner, A. & Wolff, E. N. , "Occupational and Industrial Mobility in the United States", *Labour Economics*, 2007, 14（3）.

［118］ Parsons, Donald. O. , "Specific Human Capital：An Application to Quit Rates and Layoff Rates", *Journal of Political Economy*, 1972, 80（6）.

［119］ Paul, T & Michael L. , "Wachter. Segmented Labor Market", In Ashenfelter, O. and Layard P. R. G. （eds.） *Handbook of Labor Economics*, Vol. 2 ［M］. Amsterdam：North Holland, 1986.

［120］ Pavlopoulos, D. , Fouarge D, & Muffels, R, et al. , "Job Mobility and Wage Mobility of High-and Low-paid Workers", *Schmollers Jahrbuch*, 2007, 127（1）.

［121］ Pérez J I G. , & Sanz Y R. , "Wage Changes through Job

Mobility in Europe: A Multinomial Endogenous Switching Approach", *Labour Economics*, 2005, 12 (4).

[122] Perticara, M. C., "Wage Mobility Through Job Mobility", ILADES-Georgetown University Working Papers inv, Ilades-Georgetown University, Universidad Alberto Hurtado/School of Economics and Bussines, 2004.

[123] Piore, M. J., *Notes for a Theory of Labor Market Stratification. In Labor Market Segmentation*, Edited by Edwards, R. C., Reich, M., Gordon, D. M., Lexington, MA: D. C. Heath and Company, 1975.

[124] Pissarides, C. A., "Search Unemployment with On-the-job Search", *Review of Economic Studies*, 1994, 61 (3).

[125] Podgursky, M., & Swaim, P., "Job displacement and earnings loss: Evidence from the Displaced Worker Survey", *Industrial and Labor Relations Review*, 1987, 41 (1).

[126] Rogerson, R. & Schindler, M., "The Welfare Costs of Worker Displacement", *Journal of Monetary Economics*, 2002, 49 (6).

[127] Romão, N. M. O., & Escária, V. M. A. Wage Mobility, Job Mobility and Spatial Mobility in the Portuguese Economy//ERSA Conference Papers. European Regional Science Association, 2004 (ersa04p584).

[128] Rogerson R., &Schindler M., "The Welfare Costs of Worker Displacement", *Journal of Monetary Economics*, 2002, 49 (6).

[129] Rosholm, M., & Svarer, M., "Wages, Training and Job Turnover in a Search-matching Model", *IZA Discussion Paper Series*, No. 223, 2000.

［130］Royalty, A. , "Job-to-Job and Job-to Non-employment Turnover by Gender and Education Level", *Journal of Labor Economics*, 1998, 16 (2).

［131］Ruhm, C. J. , "Are Workers Permanently Scarred by Job Displacement?", *The American Economic Review*, 1991, 81 (1).

［132］Ryan Paul, "Segmentation, Duality and the Internal Labour Market", In Frank Wilkinson (ed.), *The Dynamics of Labour Market Segmentation*, London and New York, NY: Academic Press, 1981.

［133］Sanromá, E. , Ramos, R. , & Simón, Hipólito, "Immigrant Wages in the Spanish Labour Market: Does the Origin of Human Capital Matter?", IZA Discussion Papers 4157, Institute for the Study of Labor (IZA), 2009.

［134］Schokkaert, E. , Van Ootegem L. , &Verhofstad E. , "Measuring Job Quality and Job Satisfaction", FEB Working Article, 2009.

［135］Schroeder, F. K. , "Braille Usage: Perspectives of Legally Blind Adults and Policy Implications for School Administrators", University of New Mexico, 1994.

［136］Seitchik, A. , "Who are Displaced Workers?", In J. T. Addison (Ed.), *Job Displacement: Consequences and Implications for Policy Detroit*, MI: Wayne State University Press, 1991.

［137］Seninger, S. , "Jobless Spells and Re-employment wages", *Applied Economics*, 1997, 29 (9).

［138］Shaw, K. L. , "Occupational Change, Employer Change and the Transferability of Skills", *Southern Economic Journal*, 1987, 53 (3).

[139] Shields, M. A & Price, S. W. , "Racial Harassment, Job Satisfaction and Intentions to Quit: Evidence from the British Nursing Profession", *Economica*, 2002, 69 (274).

[140] Sicherman, N. & Galor, O. , "A Theory of Career Mobility", *Journal of Political Economy*, 1990, 98 (1).

[141] Sicherman, N. , " 'Overeducation' in the Labor Market", *Journal of labor Economics*, 1991, 9 (2).

[142] Simón, H. , Ramos, R. , & Sanromá E. , "Occupational Mobility of Immigrants in a Low Skilled Economy: the Spanish Case", IZA Discussion Paper, 2011, No. 5581.

[143] Stevens, A. H. , "Persistent Effects of Job Displacement: the Importance of Multiple Job Losses", *Journal of Labour Economics*, 1997, 15 (1).

[144] Tangian, A. , "A Composite Indicator of Working Conditions in the EU – 15 for Policy Monitoring and Analytical Purposes", Hans Bockler Stifting, Dusseldorf: WSI Discussion Paper 135, 2005.

[145] Topel, R. , "Specific Capital and Unemployment: Measuring the Costs and Consequences of Job Loss", //Carnegie – Rochester Conference Series on Public Policy. North – Holland, 1990, 33.

[146] Topel, R. A. , & Ward, M. P. , "Job Mobility and the Careers of Young Men", *The Quarterly Journal of Economics*, 1992, 107 (2).

[147] Torres-Reyna, O. , *Panel Data Analysis*, *Fixed & Random Effects* (*using Stata*10. *x*) (*ver.* 4. 1), PrincetonUniversity, 2007. http: //dss. princeton. edu/training/Panel101. pdf, 2007.

[148] United Nations, "Measuring Quality of Employment-Country Pilot Reports", United Nations Economic Commission for Europe, 2010.

[149] "United Nations Economic Commission for Europe, Measuring Quality of Employment", http://www. unece. org/fileadmin/ DAM/publications/oes/STATS — MeasuringQualityEmploment. E. pdf, 2012.

[150] Van Bastelaer A., "Work Organisation, A Dimension of Job Quality: Data from the ad hoc module of the 2001 labour force survey in the EU", //Invited paper submitted by Eurostat to the joint UNECE-Eurostat-ILO Seminar on Measurement of the Quality of Employment, Geneva, 2002, 27 – 29.

[151] Van den Berg, G., "A Structural Dynamic Analysis of Job Turnover and The Costs Associated with Moving to Another Job", *Economic Journal*, 1992, 102 (414).

[152] Veum, J., "Training and Job Mobility among Young Workers in the United States", *Journal of Population Economics*, 1997, 10 (2).

[153] Viscusi, W. K., "A Theory of Job Shopping: a Bayesian Perspective", *Quarterly Journal of Economics*, 1980, 94 (3).

[154] Weber, A., & Mahringer, H., "Choice and Success of Job Search Methods", *Empirical Economics*, 2008, 35 (1).

[155] Weiss, A., "Determinants of Quit Behavior", *Journal of Labor Economics*, 1984, 2 (3).

[156] Weiss Y, Sauer R M., & Gotlibovski M., "Immigration, Search, and Loss of Skill", *Journal of Labor Economics*, 2003, 21 (3).

［157］ Winkelmann, R & Zimmermann, K. F. , "Is Job Stability Declining in Germany? Evidence from Count Data Models", *Applied Economics*, 1998, 30 (11).

［158］ Xing, X. , & Yang Z. , "Determinants of Job Turnover Intentions: Evidence from Singapore", Labor Economics Working Papers 22588, East Asian Bureau of Economic Research, 2005.

［159］ Zangelidis, A. , "Occupational and Industry Specificity of Human Capital in the British Labour Market", *Scottish Journal of Political Economy*, 2008, 55 (4).

［160］ Zweimüller, J. , & Winter-Ebmer, R. , "Firm-specific Training: Consequences for Job Mobility", Working Paper, Department of Economics, Johannes Kepler University of Linz, No. 138, 2000.

［161］ Zweimüller, J. , &Winter-Ebmer, R. , "On-the-job-training, Job Search and Job Mobility", *Swiss Journal of Economics and Statistics*, 2003, 139 (4).

［162］ 白南生、李靖:《农民工就业流动性研究》,《管理世界》2008年第 7 期。

［163］ 蔡昉、都阳、王美艳:《中国劳动力市场转型与发育》,商务印书馆,2005。

［164］ 程蹊、尹宁波:《浅析农民工的就业质量与权益保护》,《农业经济》2013 年第 11 期。

［165］ 陈媛媛:《工作转换对农民工收入的影响——基于珠三角两代农民工的调查》,《南方经济》2013 年第 3 期。

［166］ 陈钊、万广华、陆铭:《行业间不平等:日益重要的城镇收入差距成因——基于回归方程的分解》,《中国社会科学》2010

年第 3 期。

[167] 方红生、张军：《中国地方政府扩张偏向的财政行为：观察与解释》，《经济学》（季刊）2009 年第 8 期。

[168] 范婧：《中国新生代农民工就业歧视的经济学分析》，《经济问题》2014 年第 9 期。

[169] 高文书：《进城农民工就业状况及收入影响因素分析——以北京、石家庄、沈阳、无锡和东莞为例》，《中国农村经济》2006 年第 1 期。

[170] 高颖：《农村富余劳动力的供需变动及分析》，《人口研究》2008 年第 5 期。

[171] 黄乾：《城市农民工的就业稳定性及其工资效应》，《人口研究》2009 年第 3 期。

[172] 黄乾：《工作转换对城市农民工收入增长的影响》，《中国农村经济》2010 年第 9 期。

[173] 韩俊：《城镇化关键：农民工市民化》，《中国经济报告》2013 年第 1 期，第 14～19 页。

[174] 简新华、张建伟：《从"民工潮"到"民工荒"——农村剩余劳动力有效转移的制度分析》，《人口研究》2005 年第 2 期。

[175] 李长安：《农民工职业流动歧视及及其对收入影响的实证分析》，《人口与经济》2010 年第 6 期。

[176] 李春玲：《流动人口地位获得的非制度途径——流动劳动力与非流动劳动力之比较》，《社会学研究》2006 年第 5 期。

[177] 劳动与社会保障部劳动科学研究所课题组：《农民工市民化的"中国路径"》，《经济参考报》2013 年 2 月 7 日。

[178] 赖德胜、苏丽锋、孟大虎、李长安：《中国各地区就业质量测

算与评价》，《经济理论与经济管理》2011 年第 11 期。

[179] 林坚、葛晓巍：《我国农民的职业流动及择业期望》，《浙江大学学报》2007 年第 2 期。

[180] 刘林平、万向东、张永宏：《制度短缺与劳工短缺——"民工荒"问题研究》，《中国工业经济》2006 年第 8 期。

[181] 李强：《中国大陆城市农民工的职业流动》，《社会学研究》1999 年第 3 期，第 93～101 页。

[182] 李强：《中国城市中的二元劳动力市场与底层精英问题》，《清华社会学评论（特辑）》，鹭江出版社，2000。

[183] 刘素华：《建立我国就业质量量化评价体系的步骤与方法》，《人口与经济》2005 年第 6 期。

[184] 刘士杰：《人力资本、职业搜寻渠道、职业流动对农民工工资的影响——基于分位数回归和 OLS 回归的实证分析》，《人口学刊》2011 年第 5 期。

[185] 梁雄军、林云、邵丹萍：《农村劳动力二次流动的特点、问题与对策——对浙、闽、津三地外来务工者的调查》，《中国社会科学》2007 年第 3 期。

[186] 柳延恒：《从再次流动看新生代农民工职业流动方向：水平、向下抑或向上——基于主动流动方式视角》，《农业技术经济》2014 年第 10 期。

[187] 吕晓兰、姚先国：《农民工职业流动类型与收入效应的性别差异分析》，《经济学家》2013 年第 6 期。

[188] 马庆发：《提升就业质量：职业教育发展的新视角》，《教育与职业》2004 年第 12 期。

[189] 马瑞、仇焕广、吴伟光、徐志刚：《农村进城就业人员的职业流动与收入变化》，《经济社会体制比较》2012 年第 6 期。

[190] 彭国胜：《青年农民工就业质量及影响因素研究——基于湖南省长沙市的实证调查》，《青年探索》2008 年第 2 期。

[191] 田明：《进城农民工的高流动性及其解释》，《清华大学学报》（哲学社会科学版）2013 年第 5 期。

[192] 王春超、吴佩勋：《产业结构调整背景下农民工流动就业决策行为的双重决定》，《经济社会体制比较》2011 年第 5 期。

[193] 王汉生、刘世定、孙立平、项飚：《"浙江村"：中国农民进入城市的一种独特方式》，《社会学研究》1997 年第 1 期。

[194] 王华艳：《论提高劳动就业质量的经济社会功能及发展对策》，青岛大学，2008。

[195] 吴江、刘燕斌、陈力：《人力资源蓝皮书：中国人力资源发展报告（2013）》，社会科学文献出版社，2013。

[196] 吴克明、成刚：《教育的收入效应新探——劳动力工作流动的视角》，《教育与经济》2008 年第 4 期。

[197] 吴愈晓：《劳动力市场分割、职业流动与城市劳动者经济地位获得的二元路径模式》，《中国社会科学》2011 年第 1 期。

[198] 邢春冰：《换工作对收入水平和收入增长的影响》，《南方经济》2008 年第 11 期。

[199] 谢勇：《农民工就业流动的工资效应研究——以南京市为例》，《人口与发展》2009 年第 4 期。

[200] 谢勇：《基于就业主体视角的农民工就业质量的影响因素研究——以南京市为例》，《财贸研究》2009 年第 5 期。

[201] 姚俊：《农民工的就业流动研究——基于江苏制造业调查的实证分析》，《经济体制改革》2011 年第 5 期。

[202] 严善平：《城市劳动力市场中的人员流动及其决定机制——兼论大城市的新二元结构》，《管理世界》2006 年第 8 期。

［203］严善平：《人力资本、制度与工资差别——对大城市二元劳动力市场的实证分析》，《管理世界》2007 年第 6 期。

［204］袁亚愚：《中国农民的社会流动》，四川大学出版社，1994。

［205］张春泥：《农民工为何频繁变换工作——户籍制度下农民工的工作流动研究》，《社会》2011 年第 6 期。

［206］"中国农民工战略问题研究"课题组：《中国农民工现状及其发展趋势总报告》，《改革》2009 年第 2 期。

［207］张广胜、韩雪：《进城务工人口职业流动的实证性研究》，《社会科学辑刊》2014 年第 5 期。

［208］赵立新：《从社会资本视角透视城市农民工就业》，《兰州学刊》2005 年第 5 期。

［209］周靖祥：《中国农村劳动力流动研究进展》，《中国劳动经济学》2010 年第 1 期。

［210］赵伟、赵金亮、韩媛媛：《异质性、沉没成本与中国企业出口决定：来自中国微观企业的经验证据》，《世界经济》2011 年第 4 期。

［211］周运清、王培刚：《农民工进城方式选择及职业流动特点研究》，《福建论坛》（经济社会版）2002 年第 6 期。

图书在版编目（CIP）数据

工作转换与农民工就业质量 / 明娟著. -- 北京：
社会科学文献出版社，2018.7
ISBN 978 - 7 - 5201 - 2898 - 8

Ⅰ.①工…　Ⅱ.①明…　Ⅲ.①民工 - 劳动就业 - 研究
- 中国　Ⅳ.①D669.2

中国版本图书馆 CIP 数据核字（2018）第 126162 号

工作转换与农民工就业质量

著　　者 / 明　娟

出 版 人 / 谢寿光
项目统筹 / 任文武
责任编辑 / 张丽丽

出　　版 / 社会科学文献出版社·区域发展出版中心（010）59367143
　　　　　　地址：北京市北三环中路甲 29 号院华龙大厦　邮编：100029
　　　　　　网址：www.ssap.com.cn
发　　行 / 市场营销中心（010）59367081　59367018
印　　装 / 三河市尚艺印装有限公司

规　　格 / 开　本：787mm×1092mm　1/16
　　　　　　印　张：11.75　字　数：152 千字
版　　次 / 2018 年 7 月第 1 版　2018 年 7 月第 1 次印刷
书　　号 / ISBN 978 - 7 - 5201 - 2898 - 8
定　　价 / 68.00 元

本书如有印装质量问题，请与读者服务中心（010 - 59367028）联系